反・経済学入門：
経済学は生き残れるか

——経済思想史からの警告——

有江 大介 著

創風社

この本の読み方

- 経済学についての本ですが，数式はいっさい出てきません。
- 学術書ではないので，引用や典拠の書誌データや URL は必要最小限の記載にとどめています。文章を引用しても引用元のページは記載していません。刊行物の出版社や発行年も必要と判断した場合のみ記載しています。
- わかりやすさを第 1 に考え，「です・ます」調を基本に話し言葉で書いてあります。
- 言葉や歴史の説明も，辞書，教養書や関連分野の教科書，Wikipedia などのインターネット上の記述を適宜参考にしつつ，著者自身の言葉によってまとめてわかりやすく表記しています。
- 「　」は引用もしくは強調，“　”は強調に使います。引用文中の［　］は著者よる補足です。
- 本の末尾に簡単に手に入る入門的な参考文献一覧をつけています。
- 古典や学術文献は本文内で指示しています。索引はつけません。かわりに詳しく書いた目次を見て下さい。
- 出てくる外国人名のカタカナ表記は慣用に従っていますが，B 音と V 音は区別しています（例：「ベニス」ではなく「ヴェニス」）。
- 掲載している図柄，イラスト，写真類はオリジナルのものか著作権が切れているものか，出所を記載しての自由使用が可能と思われるものです。
- カバーの版画は P. ブリューゲルの「貯金箱と金庫の戦い」（1570–72）。

まえがき

私はこの本を，読者の皆さんに社会科学とは，特に経済学とはどのように生まれ，どういうものになったのかを知ってもらうことを目的に書きました。ここで早くも，こういう問いかけは当たり前で何で改めてそういうことを言うのかと，いぶかしく思う方も相当出てくると思います。しかし，こう問いかけるにはいくつかの理由があります。1つには，我が国の今までのこうした入門書，特に経済学をベースにし，しかも現代の新古典派経済学に批判的な立場からの入門書への違和感のためです。それらは概して，あるべき社会とは何か，望ましい人間とは何かを問うことに囚われるあまり，読者に対していわば個々人の「社会観」を問う，あるいは「生き方」を詰問することを求めがちであったと思うからです。それに対してこの本は，私たちが日々生活している社会を科学（サイエンス）の眼で見るという姿勢を重視しています。それは，今までの本が，我が国のあるいは今までのこの分野の先達が必ずしも科学（サイエンス）とは何かについて自覚的に考えていたとは思えないからです。

2つ目には，それとは逆に，現代の主流派といわれる新古典派経済学の中から，経済学に科学の様相を与えているミクロ経済学の経済人的な想定，つまり還元論的な前提と方法に異を唱える傾向が明確に現れてきたことが挙げられます。それは，従来からのマルクス経済学や異端の経済学と分類される領域からばかりでなく，投票や選択などの意志決定から社会全体の制度設計（メカニズム・デザイン・サイエンス）を実験とゲーム論によって追求する人々や，ビッグ・データを統計的に処理する人々のなかから出て来ています。たとえば前者では，ルソーの「一般意志」的な集合意識を選択の理論に組み込もうとするケースがあり，これはまるで18世紀のmoral philosophyへの“先祖返り”にように見えます。後者では，経済理論を信用せず，意識せず，変数間の統計的な相関にのみ着目することで何とか因果関係を見出そうとするケースがあります。

そして３つ目の理由に，経済学の科学性自体への疑問が改めて強く問われ始めたからです。実はわが国では大きな議論にはなりませんでしたが，すでに1980年代のアメリカでは経済学への批判や論争のテーマとなっていました。それがしばらく忘れられたあと，近年では，社会科学の中で最も科学的といわれる経済学が改めてその科学性を問われ，時には経済学（特にミクロ理論）不要論まで登場しているのが実情のようです。

こうした，経済学をめぐる現在の興味深い状況を踏まえ，読者の皆さんが自分たちの生活している経済社会のあり方を考えるための知的な枠組みを，あるいは考えるためのヒントをこの本は提供しようとするものです。より具体的には，社会科学とは何か，特に経済学とはどういう学問か，それはどこまで社会「科学」と言えるのかということを中心に考えていきます。学問分野でいうと，“学問についての学問”をすることになります。したがって，少しばかり高級で幅広い知識が求められます。

しかし，最初から“社会科学の方法”といった大上段に振りかぶって始めるのではなく，まず前半で，社会はどうなっているのかを考えるための現実的な手がかりをいくつか挙げることから出発したいと思います。手がかりとは日常の生活の中にある基本的な社会事象，経済事象のことです。人々の「労働」であったり，人と人との，人と企業との間の「契約」であったり，ものを持っていることつまり「所有」，そして「おカネ」とは何かなどです。これらを検討したあと，後半では，「科学」（サイエンス）とは何か，経済学とは何かという学問の方法についての概略的な検討を行います。ここでは，帰納法や演繹法，パラダイム論など科学史・科学哲学的なかなり抽象的な部分と，社会科学や経済学自体の歴史についての部分にわけられます。

なぜ，方法ばかりでなく歴史まであつかうのかというと，自然科学と違って，人文科学そして社会科学の言説は，時代や地域が異なっても対象に対する説明力を相当に長い間もち続けられるからです。極端な例を挙げると，物理学や天文学を専攻している学生なら，かりにニュートン力学を知らずに最新の理論のみを学んでも最先端の研究に従事する学者になることができるように見えます。しかし，人文・社会科学では西欧のプラトンやアリストテレス，アジアの孔子や仏陀を知らずしてまともな研究者にはなることはできないのです。そうだからこそ，先のルソーの例にあるように時として考え方の“先祖返り”状況も出現するわけです。

もう１つ強調しておくことがあります。この本は社会科学が他の多くの学問と同様に，我が国にとって明治以降の西欧からの外来学問，輸入学問であるという視点を意識しています。社会科学が時代や地域を越えた普遍性をもち得る可能性を持つ反面で，その方法や理論を組み上げる際の前提になる人間像や行動様式や東洋とは異なる西欧の歴史や文化が「社会科学」のあり方に反映します。幕末·明治初期の知識人たちが,「自由」や「権利」などそれまでの日本社会になかった概念の翻訳に苦闘したのは，文化や社会規範や常識に大きな東西の差異があったからです。経済学の主要な用語であるutilityが，経済学では「効用」と訳され，哲学・倫理学では「功利」と訳され，しかもこれら2つの言葉の原語が同一であることが必ずしも知られていない状況すらあります。ここには，「洋学」を移入した我が国固有の問題が伏在しており，学問の内容を検討する際にはこの点は今でも軽視してはならないと思います。この点は第Ⅲ部で論じます。

以上のような狙いを持った本書を読んで，読者の皆さんの中で社会科学や経済学，学問そのものについて，何かを考えるきっかけが生まれることを期待しています。

本書は実は20年ほど前に，勤務校であった横浜国立大学での教養教育科目「社会科学概論」の教科書として計画されたものです。しかし，随分と出版が遅れました。学問の進歩と現実社会の動きの早さに執筆のスピードが追いつかなかったことが最大の理由です。そして本の性格も当初のものからかなり変わりました。また首都圏の複数の大学で同主旨の科目を数十年間担当したこと，延べ10社近い企業の総計10万株ほどのささやかな株主となり，その成功と失敗を通じて“資本主義”を実感したりもしました。こうした経験も踏まえて，この本を単なる教科書ではなく社会科学や経済学についての教養書としての性格をもたせることにしました。その一方で戦争や難民，環境汚染や巨大な所得格差といった大きな問題が世界規模で存在しています。そうしたこと全体を社会科学，特に経済学の眼でどこまで見ることができるのかについて，批判的に検討してみようというのが著者の計画です。それが成功しているか否かは，もちろん読者の判断に任せる以外ありません。

最後に, 25 年近くにもわたって辛抱強く原稿を待つ羽目になった創風社の千田顕史氏に，改めて感謝いたします。

（本書の内容は, 科学研究費 基盤研究（B）「功利主義と公共性：「経済は人々に「幸福」をもたらすか」，萌芽研究「市場と経済人の神学的起源」ほかの複数の関連研究課題による研究成果の一部である。）

2019 年 6 月
有 江　大 介

目　次

第Ⅲ部　翻訳学問・輸入学問
――日本の社会科学にどこまで独自性が？――

反・経済学入門：
経済学は生き残れるか
——経済思想史からの警告——

序 論　経済学とはどういう学問でなぜ信用されていないのか

経済学は
あやしい

経済学は“罰(ばち)あたりの学問”と言えます。立派なことをいう学者も多いし，人々の経済行動や社会全体の経済の動きを見通すことができるという人達もいます。しかし，現実の日本社会のたくさんの問題や混迷する世界の状況を見たとき，そこに経済学が人々の生活をより良い方向に向かわせるために何ごとか貢献しているかといえば，答えはノーと言わざるを得ません。

この1世紀ほどの間に世界各国の人々の生活水準が大きく向上しているように見えて，OXFAMという国際福祉慈善団体の調査によれば，2017年には世界の上位1％の人々がその年に生み出された富全体の82％を占有し，その反面で，世界の下位半分の37億人の人々が得た富は全体の1％に満たないとのことです（Reward Work, Not Wealth, 2018）。こうした状況はやはりどこかおかしいと考えるのが真っ当なとらえ方でしょう。そして，主流派の経済学はこうした状況を事実として確認しても，価値判断を伴った改善のための有効で現実的な処方箋を提出することには極めて消極的です。一言で言えば，経済学は役に立たないと思われるか，信用されていないのです。むしろ，アカデミズムの外側，世間一般では経済学は一貫して“金儲けの学問”と思われているのではないでしょうか。そして，それは市場システムによって構成されている資本主義（Capitalism）と呼ばれる社会の動きを分析する学問である経済学が，眼の前の社会を数式や理論によって分析しようとするとき前提としているのは，社会を構成する人間は，無限の欲望を持ち，最小の労力や費用でできる限り大きな成果や収入を得ようと“合理的”に行動する「経済人」(homo economicus) です。言いかえれば，自分のことしか考えない“我利我利亡者”です。ですから，経済学はその出発点から“罰あたり”なわけです。近年流行している行動経済学や実験経済学などでは，人は常にはそんなに“合理的”に行動してはいないことを議論の前提に組み込もうとしてはいますが，この当たり前のことをようやく理論の中に取り入れようとしている段階と言えます。

科学としての経済学？

その一方で，経済学はもっとも“科学的”な色彩をまとった社会科学と言えます。現代の主流派経済学は，その源流である古典派経済学の成立の頃はニュートン力学を，いわゆる「限界革命」の頃からは熱力学や電磁気学の形式を模倣して来ました。このことが，数学による記述と相まって経済学が“科学的”相貌を持つようになった経緯です。簡単に言えば，経済学は，その出発点において，社会とは老若男女や人種や文化，住んでいる場所が違おうと，金持ちであろうと貧乏人であろうと，そうした違いを捨象した抽象的で同質の無数の「経済人」の集まりであると考えるのです。こうしたとらえ方が徹底している例が，経済物理という領域です。

実際，経済物理学者は，もうけたいと考える多くの人々の多種多様な金融行動を，無数の水分子が低い方に流れる運動に近似することによって，巨大な金融市場のお金の動きをマクロ的な経済量として的確に予測できるよう定式化できると語っています。確かに，この金融市場を市場として成り立たせているさまざまな条件が少なくとも短期的には変動しなければ，個々の経済主体の異なった個性や動機や意図を考慮することなしに，抽象化された数式によって何千万人もの人々がかかわっている市場の一定期間の推移を，ある程度の幅をもって予測できるかもしれません。もちろん，確率論の知識やビッグデータを扱う統計学的手法とそれに対応しうるCPUとメモリーを持ったコンピュータが必要なのは言うまでもありません。しかしこうなると，おわかりのように，内容とテクニックにおいてこれは経済学である必要はなく，もう工学（engineering）です。事実，金融工学という立派な領域がすでに成立しています。

アメリカの，権威あると言われている経済学の学術雑誌を開くと，どのページも数式でいっぱいに埋め尽くされ，論文の末尾にはそこで使われた定理の証明がまとめて掲載されていたりします。物理学の専門家がそうした論文を一瞥して，これは一体何について何を明らかにしようとするどの学問分野の論文なのか，実験やデータで検証することができるような内容なのか，とにかくまったく見当がつかないという感想を持つことが多い，というのはよく聞く話です。

フリードマンの“慧眼”

もちろん，そうした経済学の状況に対して，もっともその方向に邁進していたアメリカにおいて，経済学の有効性や科学性に対して早くから疑問が呈せられていたのも確かです。それは，ミルトン・フリードマン（Milton Friedman: 1912–2006）『実証経済学の方法論』（1953）という半世紀以上前の古典的な書物で展開された，いわゆる道具主義の主張に対する疑問や異論ともとらえられます。この動き

M. フリードマン

は1980年代にそのピークを迎えましたが，経済学の方法への問いかけはいつの間にか忘れられて現在は，ゲーム理論，行動経済学，ビッグデータ解析などの形で，個々人の経済上の選択行為の複雑な過程や極めて膨大なデータの山の中でそれ自体として濃密で厳密な学問的探求がおこなわれています。

確かに，一見すると観察の対象となる現実に理論的に取り組んでいるかのように見えます。しかし，そこでは現実とそれを評価する道具としての理論との関係については，必ずしも本質的な議論がなされているとは言えない状況があります。フリードマンは慧眼にも，抽象的な理論とそれが対象とする観察される現実との関係について，半世紀以上前から“関係がなくても構わない”と強力で巧妙な主張を展開していたのです。こうした“お墨付き”のもとに，社会分析の道具である現代経済学はある種の自信を持って上のような学的営みとその成果を現在も蓄積し続けているのです。その際，上でOXFAMの示したような切実な問題の解決自体は経済学の直接の検討対象というより，政策の問題として分析データとともに政治のプロセスに預けられるわけです。

ところで，ここで道具主義とは，科学理論は観察可能な現象に対する単なる道具にすぎないと見なす考え方です。したがって，ある理論の真偽を問うことは意味がなく，ある対象についてのある理論は，それに基づいて導かれた対象のトレンドについての予測が後に観察された事実と合致するか否かだけが問題だ，ということになります。また，そうした理論の前提となる仮定，たとえば「経済人」が現実の生身の人間と一致しているか否かは，その理論の妥当性の評価とは全く関係なくて良い，ということになります。また，予測さえできれば良いのですから，対象がある状態から次の状態へと変化したことの原因と結果の内的な因果関係の説明なども必要ないわけです。理論は対象を外から眺める単なる道具というわけです。家の裏庭に植えた苗木の毎年の成長率が中国の経済成長率と非常に近似していることがわかった場合，中国経済を直接に観察するかわりにその苗木という道具の成長の観察結果だけを見て，中国の経済当局の発表よりも早く前年の成長率を指摘できるという次第です。

ここまで行くと，読者の皆さんはそういう経済理論はどこかおかしいと思うかもしれません。私たちは現実に，主流派の経済学者の提言にもとづく政策が効果をあげなかったりインフレ率の予測がまったく当たらなかったりすることを幾度となく見てきています。なるほど，経済学が信用されなくなるわかりやすい理由です。しかし，上に示したような考え方が現代経済学主流の枠組みの基礎にあるのです。実際，フリードマンは，通貨理論に関する一連の研究業績によって「スウェーデン国立銀行賞」（ノーベル財団は正式なノーベル賞とは認めていませんが，一般には「ノーベル経済学賞」と呼ばれています）を1976年に授与されています。

古典派と新古典派

ただし，ここで述べておきますが，この本ではこうした経済学への不信の責任を今の主流派経済学が一身に背負うべきだというつもりはありません。主流派のことを「新古典派経済学」とも言うように，この新古典派には先駆者としての「古典派経済学」が存在していました。つまり，現在の「新古典派」のあり方の源は「古典派」にあるのではないかというわけです。“経済学の父”と呼ばれるアダム・スミスは“新古典派経済学の父”でもあるということです。もちろん，すでによく指摘されているように，古典派経済学が商品の労働と生産に着目した「富の理論」（plutology）であったのに対して，新古典派経済学が商品の流通と消費に着目した「交換の科学」（catallactics）となったという，視点の大きな転換があります。もちろん，スミスの『国富論』（*The Wealth of Nations*, 1776）にはこの両面があります。どちらの側面に力点をおいて『国富論』を理解するかで，経済学の歴史の中でのスミスの位置づけや現代におけるスミス経済学の評価が違ってきます。全体で５編で構成されている『国富論』は，商品の価格がどのように決まるのかという現代のミクロ経済学にあたる話から始まります。大変に分析的で理論的です。では,経済学の目的はというと,経済学と経済政策の歴史にあたる第４編のはじめにようやく整理されて示されます。

スミスによれば，経済学は大きく２つの目的を持っていると言います。第１は，国民に収入と生活必需品を豊富に提供することであり，それらを国民自らが豊富に確保できるようにすること。第２の目的は，国家が軍事・警察，福祉・教育といった公共的なサービスを提供するのに十分な収入を確保できるようにし,そのことを通じて人々の幸福を増進させること。これらは,不信が蔓延している現代の経済学に極めて示唆的な提言といえないでしょうか。理論は技術的ですが目的は規範的で政策の優先順位など価値判断が伴います。少なくともスミスは18世紀の段階で，経済学にはこの両面が必要であると考えていたと言えます。

アリストテレスによる経済の把握

実は，経済学ないし経済思想の歴史をふり返ってみると，商品と商品の交換という，いわば現代の価格理論の原型とも言える議論を最初に展開したアリストテレス（Aristotle: BC384–322）の『ニコマコス倫理学』の中にも，先の2つの側面を見ることができます。以下では，その議論を簡単に振り返ってみましょう。

感覚的世界の個々の事物ではなく，観念として形づくられるイデアが真の実在と考えたのが師のプラトンでした。それに対してアリストテレスは，変化するさまざまな性質の持続する担い手としての実体は主として具体的な個々の事物であると考えました。こうした現実重視の姿勢により，アリストテレスは他のギリシア哲学者とは異なり，『ニコマコス倫理学』第5巻の特殊的正義論，応報的正義論，『政治学』第1巻の家政術，取材術の項で，ポリス共同体における人々の経済活動について極めて幅広く展開しました。

『ニコマコス倫理学』では，共有物の共同体成員への身分秩序を前提とした上でのその序列に基づく不均等な分配を正しいとする分配的正義の議論が，また，ポリス共同体の中で財貨が等価で交換されることにより共同体がいかに善く維持されるかが是正的正義・応報的正義として述べられています。また，貨幣が交換において需要（量）の表現，支払手段，価値保蔵の各機能を持つことや貨幣価値が変動することまでもが極めて分析的に記述されています。『政治学』では，農耕・牧畜など自然から必需品を獲得しそれをポリスの構成単位である家においてやりくりする家政術（オイコノミケー）と，いったん商業的交易が

アリストテレス

確立して貨幣が使用されるとポリス共同体の自足性を維持する範囲を超えて小売り取り引きという，あるべき自然のあり方に反する取財術（クレマチスチケー）がうまれるという経済観が示されます。

ここで現代との関係で注目すべきこととして，本来は共同体が自給自足のために最低限に必要とする物を供給することを目的とすべき商人が，交換の媒介物にすぎなかったはずの貨幣を増やすことを無限の自己目的にしてしまうという危険な顛倒状態が生じることを指摘している点を挙げておきましょう。ここには，商人の活動はポリス共同体を崩壊させるという危惧が表明されています。シュンペーター（Joseph Alois Schumpeter: 1883–1950）は，『ニコマコス倫理学』での応報的正義を実現する諸物の価格を正常条件下の自由市場での競争価格と解釈しましたが（『経済分析の歴史』1954），これはアリストテレスの議論を新古典派の価格理論の先駆とみなす多くの見解の典型と言えます。これに反対するK. ポランニー（Karl Polanyi: 1886–1964）は，希少性・経済性・営利・市場といった新古典派的前提は『ニコマコス倫理学』にも『政治学』にも存在せず，共同体成員の生存維持のための自然的で実物的な欲求充足のあり方が示されているとみています（『アリストテレスによる経済の発見』(1957)）。マルクスは，ギリシアの哲学者の中でヘラクレイトスとともにアリストテレスを最も高く評価しつつ，『資本論』の中で，資本主義という経済システムを体現する資本家とは何かを示す際に，『政治学』中の商人による貨幣獲得の自己目的化の記述を参照しているほどです。

このように，すでにアリストテレスにおいてすら，経済について語るときに現代価格理論に対応する分析的・理論的側面と，共同体での善き生き方という，人々の生活の評価や幸福にかかわる規範的側面の両面が考察されているのです。シュンペーターはこのあと，ヨーロッパ中世の利子論や公正価格論の分析を加えつつ，経済学の歴史は“規範から分析へ”と進むと概括しましたが，現実を見る限りそう単純ではなさそうです。正義論の枠組みの中ではあっても商品交換を価格理論として分析する一方で，できる限りもうけることを自己目的とする資本主義という経済システムの顚倒性の把握につながるアリストテレスのこうした洞察には，驚嘆すべき先駆性と現実性があると言えます。経済学への不信に立ち返ったとき，流通・市場・稀少性を前提としてそこから出発する“交換の科学”としての新古典派経済学や，森林破壊や環境汚染，金融投機や所得分配の過度な不平等をもたらしている営利優先の現代の経済活動に対する原理的な批判の視座を，アリストテレスは今なお提供し続けていると言えます。

エコノミーという言葉

ところで，経済学は現代英語では Economics で，経済は economy です。economy はフランス語では economie，ドイツ語では oekonomie です。では，economy はどこから来たのか。もちろんギリシア語からです。家や家計を意味するオイコス（oikos）と秩序ややり繰りの意味のあるノモス（nomos）からオイコノミア（oikonomia：家計をやり繰りすること，そのための知識や技術），オイコノモス（oikonomos：家計をやり繰りする人。英語の執事 steward の意味）が生まれました。ここから英語などのヨーロッパ語のエコノミー（神の計画，秩序，家政，徳用，一国の経済，節約）となります。ここで，家計とは現代のイメージでの単婚小家族の家庭のやり繰りではなく，たとえばギリシアの大土地所有者の１つの氏族集団，日本で言えば「一族郎党」という大きな集団全体の収支を考えることです。ちなみに，西周はこれらを踏まえて『百学連環』(1870) で economy を「家政」と訳しました。

さらに，スミスの時代，18 世紀では現在の経済学に当たる言葉は Political Economy でした。economy だけでは，王家の財政のようにいかにその家計が巨大であっても，言葉のいわれからそれはあくまで１つの家，私的な家計のやり繰りの意味に留まってしまいます。そこで，国民国家という考え方が政治や経済の世界で形成されるようになった時代に対応して，国全体の，という意味を持つ political という言葉を economy に付加したわけです。フランス語では économie politique，ドイツ語では national-ökonomie となります。その意味では，これらを「政治経済学」や「国民経済学」と日本語に訳すのは注意が必要です。「学」を除いてただ「経済」とする方が，時代のコンテクストを踏まえた翻訳のようにも見えます。

新しい学問としての経済学

経済学を英語で Economics と普通に呼ぶようになったのは 19 世紀の終わり頃からです。語源的には形容詞形を書物の名前にしたクセノフォン『オイコノミコス oikonomikos』にたどれますが，中世以降，ギリシア語やラテン語形容詞の中世複数形（oikonomika，oeconomica）が学問の名前にあてられていたことや物理学 Physics，政治学 Politics，音声学 Phonetics などの先例にならって，Economics となったわけです。これにはもう１つ理由があります。経済学ないしそれに準ずる講義がPolitical Economyとしてイギリスの大学で開講されるようになった当初は，依然として金もうけのための何か胡散臭いものというような世間的な受け止められ方でした。「あの人はpolitical economistだがよい人だ」などという表現が1830年代の文書に残っています。数学を専門として出発しつつも1884年にケンブリッジ大学3代目の経済学教授（Professor of Political Economy）になったA. マーシャルが，科学としての新しい分野として経済学を認知させるためにEconoimcsの名称を普及させようと努力したことは有名です。彼は自らの代表作に*Principles of Economics*（1890）というタイトルを付けるとともに，1890年に後の王立経済学会（王立は1902年から）を設立し，さらに，確立したアカデミックな学問領域として認知されるためにどうしても必要と考えた経済学専門の学術雑誌*Economic Journal*を1891年に創刊させたのでした。

日本では非常に多くの大学で経済学部が「学部」として存在しています。そのため，経済学も哲学や文学や数学などと同じように大学に古くからある学問分野であると思い込む人も数多くいるようです。しかし，スミスの『国富論』がようやく18世紀後半に登場したことや上のマーシャルの例にあるように，経済学は極めて新しい学問なのです。

中世までの“経済”観

歴史を見ても，ヨーロッパ中世の大学には「経済」や「経済学」は存在しませんでした。4つの主要な専門学問である神学，哲学，法学，医学と，7つの一般教養科目（リベラル・アーツ）である言語3科の文法，修辞学，論理学と数学4科の代数，幾何，天文学，音楽によって，中世大学の教育は構成されていました。

それでは，どの時代の社会生活の中でも実際には重要な役割を果たしている経済について，一体どこで議論されていたのでしょうか。現代の経済学につながる３つの議論の領域があると言われています。第１に，ギリシア以来の「哲学における経済にかかわる思想」があります。アリストテレスにあるように，商業は共同体の“善き生活”を壊す，お金は人の活動の目的をゆがめるというような発想や，トマス・アクィナス『神学大全』（1267–73）の私的所有の正当性についての議論，ルターが『商取引と高利について』（1524）の中で商人が本来的に罪人であるとするような例を挙げられます。

第２に，ローマ法以来の「法学おける商品取引や契約についての議論」です。ここでは取引は本来等価交換であるアリストテレスの議論を「交換的正義」として受け継ぐ一方で，現実の中世社会の中で行われていた経済生活に直結していた問題である「公正価格」や「高利」についての分厚い議論が存在します。加えて，特にスミスにつながる 17 ～ 18 世紀スコットランドの法学のあり方に言及する必要があるでしょう。もともと，西欧における近代的思想の確立の過程で「ローマ法の継受」と呼ばれる一連の事態が広い意味での経済行為にかかわる分野，とりわけ契約や債権・債務を中心に進行したことはよく知られています。それが典型的に行われたのがスコットランドであり，後のスミスの経済取引に関する基本的理解につながっていくわけです。

第３に，その時々の政治経済的な時事問題についての「時論や政策的議論」です。もっとも典型的には，古来から世界中で行われた貨幣の改鋳（要するに，金貨の金の含有量削減）や，特に大航海時代を経た以降の各国間の貿易論（要するに，何を輸入し代わりに何を輸出するのかの提言や，問題としても現代にもつながる貿易赤字など）がわかりやすい例でしょう。“悪貨は良貨を駆逐する”という「グレシャムの法則」（1560年頃）を聞いたことがあるかもしれませんが，これは現代の貨幣数量説の原型とも言えます。

哲学段階から経済学へ：J. スチュアートまで

では，いつの時代に現在の経済学にあたるものが他の学問から独立した思考体系として登場したのでしょうか。それは，ヨーロッパ18世紀の啓蒙時代です。実は，それに先立つ17世紀前半にはすでにフランス人モンクレティアンが『政治経済論要綱』（*Traité de l' économie politique*, 1615）という重商主義理論の先駆的業績と言われる書物を出しています。このタイトルに見るように，フランス語として英語よりも早く，political economyに対応する表記を使用したとも言われ，内容も当時のフランス経済の評価と提言つきの将来展望が書かれています。しかし，この書物はまだ「時論」の集成とも言うべき水準で全体をまとめる方法的な視点は定かではないと言えます。

このあと，モンテスキューも『法の精神』（1748）の中で政治的平和と商業との関係について論じてますが，やはり経済学の書物とは言い難いでしょう。スミスの『国富論』（1776）に匹敵する体系性を持った経済書はジェームズ・ステュアート（James Denham Steuart: 1712–1780）の『経済の原理』（*An Inquiry Into the Principles of Political Economy*, 1767）です。長いサブタイトルの始めに「国内政策の科学に関する試論」とあるように，一国のさまざまな経済政策の総括的な分析を行っているのが特色であり，貨幣論，金融論，財政論やケインズにもつながる有効需要論など優れた着眼点が多々存在しています。しかし，あくまでも商人階級の経済活動にかかわる政策の検討が中心であって，経済理論がそれとは区別される形では記述されてはいません。この点が，後にスミスがステュアートの名前を挙げずに『国富論』の中で重商主義理論批判の一環として扱われたことも相まって，基本的には忘れられた経済学者となってしまった理由と思われます。参考までに，『経済の原理』の構成を以下に記しておきます。

第１篇　「人口と農業について」
第２篇　「商業と工業について」
第３篇　「貨幣と鋳貨について」
第４篇　「信用と負債について」
第５篇　「租税と租税収入の適切な運用について」

この編別構成は，次に記すスミス『国富論』と大きく異なります。

それではスミスが“経済学の父”の名を占有することになった理由を『国富論』に見てみましょう。

スミスから現代へ

スミスには，ステュアート以上に明確な科学指向があります。もともと彼は『文学・修辞学講義』（1762–63）の中で，「１つかあるいは極めて少数の原理を定め，それによっていくつかの規則あるいは現象を説明し，それを自然の順序に従って結びつけていく方法」を「ニュートン的方法」と呼び,「これは疑いもなく,もっとも学問的方法」であると述べています。つまり，自然の法則を理性によって発見して万有引力の法則という１つの原理によって記述したニュートンに習って，スミスは社会の中に存在する法則を経済という視点から見出そうとしたわけです。これはもちろん，当時のイギリスやヨーロッパ社会が分業と商品交換によって結びつけられた“商業の時代”となっていたことにも対応しています。以下に『国富論』の構成を記します。

第１編：分業・価値・価格 ← ミクロ経済学
第２編：資本蓄積と貨幣制度 ← マクロ経済学
第３編：農業と商業政策の歴史 ← 経済史
第４編：重農主義と重商主義の歴史 ← 経済学史・経済政策思想史
第５編：国家の経費と収入 ← 財政学（応用経済学）

ステュアートの場合と異なり，理論と歴史と政策が明確に別れていることがわかります。これは，250 年ほど前に，現在の大学での経済学教育や経済学の学問的な構成を先取りしているという，驚くべき先駆性であると思います。その上で，スミスの特色は，分業と労働による商品（富）の生産と，商業の持つ文明化力に着目したことです。その基本的アイディアは「分業 → 労働生産力の上昇 → 国富の増加 → 個々人の福利厚生の向上」という流れです。多くの国々でこうした方向で経済と商業が繁栄すれば，国同士の争いごとは少なくなるかなくなります。言いかえれば，“商業が平和を作る”，“商業が新しいモラルを作る”，“商業が人々を平等にする” ということです。これは，現代に引きつけて言えば，“商業が人種・民族・国境の壁を越える” ということになります。経済とは常に越境するものであって，スミスにとっては，経済のグローバリゼーションは必然であるということになります。

現代のグローバリゼーションは，金融を中心とした私利私欲のむき出しの世界となりこの章の最初に示したOXFAMの調査にある,極端な富の偏在状況を生み出しています。それに対して，スミスは新しい科学としての経済学を提唱するとともに，先に紹介したように極めて真っ当で当たり前の「経済学の2つの目的」を提示していました。これがなぜ，現在のような世界の混迷や経済学への不信を招くようになったのでしょうか。以下，本論の中でこうした問題意識を念頭に置いて，社会についての新しい科学として出発した経済学について考えていきたいと思います。

第Ⅰ部

社会科学のキーワード
——経済・社会を読み解く言葉の成り立ちと内容——

第1章　労　働

「働くことは
いいこと」か

皆さんは，小さい頃から「働くことはいいことだ」，「働くことで人間がつくられる」と親や学校の先生から言われてきたと思います。しかし，経済学ではそれは間違いです。働くことは避けるべき負担に過ぎません。働かないですむ時間を余暇ととらえ，満足を生み出す余暇の時間が長くなることを人々は目指していると考えます。資本主義と呼ばれる市場経済では，負担になり本当は避けたいそうしたことをやるからこそ，その埋め合わせとして働いた労働者に賃金が支払われるのだと考えます。

つまり，何か楽しいこと，面白いことをやってお金がもらえるはずがないというわけです。それが証拠に，わが国の労働基準法11条では賃金を次のように定義しています。

「この法律で賃金とは，賃金，給料，手当，賞与その他名称の如何を問わず，労働の対償として使用者が労働者に支払うすべてのものをいう。」

見てください。ポイントは，賃金とは「対償」であると規定しているところです。対償とは償（つぐな）いです。英語ではcompensationです。英和辞典では「埋め合わせ」，「補償」，「代償」などで，「損害に対する補償」という例が，対償というあまり聞き慣れない法律用語の意味合いをよく示していると思います。

ところで，勤勉であることを道徳的に“善し”とするのがわが国の社会通念だと言っても誤りではないでしょう。これは歴史的には明治以降に形成されたという説もありますが，この通念にとらわれていると，経済学での労働や賃金の扱い方への違和感から逃れられなくなり，たとえば，ミクロ経済学の消費行動の理論がいつまで経っても胸に落ちないままになりがちです。

アダム・スミスの「邪悪な思想」？

実は，この違和感は日本人の私たちが経済学をどういう学問ととらえるか，あるいは，経済学の理論はどのような前提からできあがっているのかということを考える際に，その理解の方向を決める重要な出発点でもあるのです。

東大総長にもなった大河内一男という経済学者がいます。大河内氏は晩年のあるとき「いわゆる『先進国病』の経済学」という講演を行い（1983），その中で“経済学の父”と言われるアダム・スミス（Adam Smith: 1723–1790）の労働観について次のようなことを言っていました。

「スミスの場合にも，『労働』は『労苦と骨折り』であり，人間にとって可能ならば避けた方が好ましいという判断と，同時にまた，それは所有の根源でもあるので，それは人間にとって重要な基本的営みだという価値判断が双方混在しているようです」と。そして，今日の西欧社会が「手の汚れる仕事」を下層の外国人移民労働者にあてがっている状況をとらえて，スミスに混在していた労働についての「２つの魂」のうち，「労働は神聖なり」という思想が消え去った反面，「苦痛」であるとみる「邪悪な方だけが残ってしまった」とみなします。このことが，イギリスをはじめとした欧米経済の低成長率，経済停滞，活力の喪失に象徴される「先進国病」の原因なのだと言うわけです。

この大河内氏の30年前の“警告”は，バブル崩壊後の「失われた20年」を含めた現在の日本にもあてはまる予言のようにも思えます。

スミス

スミスの中にはたして大河内氏の言う労働についての「二つの魂」が存在していたのかは特に日本では議論のあるところですが，労働が「邪悪」だという側面はまさしく現代の経済学そのものの中にしっかりと受け継がれています。

ところで，労働が苦痛で避けるべきものだという考え方は，何もスミスの中にだけあるわけではありません。これは，経済学という学問を生み出した西欧思想の中にはじめから存在しているものなのです。このことを確認することは，日本やアジアの伝統的な価値観や考え方とは異なる現代の経済学のあり方を，私たちアジアの人間が理解する上で避けて通ることができないものなのです。そのことを以下で述べておきたいと思います。

ギリシア人の労働蔑視

パンドラのツボ　ハンナ・アーレント（Hannah Arendt: 1906–1975）というユダヤ人の哲学者が『人間の条件』（1958）という有名な本の中で次のように言っています。労働を意味するすべてのヨーロッパ語の言葉は「苦痛（pain）と骨折り（effort）を意味しており，産みの苦しみをあらわすのにも用いられる」と。実際，英語の labour は「出産（の苦しみ）」とか「陣痛（の時間）」という意味でも使われています。それはどうしてなのかを，西欧の思想史をさかのぼり欧米人の考え方の“2つの源泉”の中に見ておきましょう。

アーレント

第1はギリシア思想です。ギリシア語の ponos が労働にあたります。ヘシオドス（Hēsíodos: 紀元前 700 年頃）の『仕事と日々』には一種の労働起源神話があって，労働は大神ゼウスによってあるとき人間に報復としてもたらされたとあります。あの「パンドラのツボ」というエピソードです。もともとは，「それまでは地上に住む人間の種族は，あらゆる煩いを免れ，苦しい労働もなく，人間に死をもたらす病苦も知らずに暮らしておった」わけです。ところが，ゼウスとプロメテウスと人間との3者のやり取りの中で，隠された火をひそかに人間に与えたという有名な事件が起きます。これに怒ったゼウスが，火盗みの罰としてまずプロメテウスに残酷な刑罰を与えるとともに，「パンドーレー」（パンドラ）という女を作り出し，神々からの「贈り物」の入ったツボを彼女に持たせて人間に届けるわけです。そして，パンドーレーがそのツボを開けることで，その中にあった災難，病気，労苦といったさまざまな苦難がまき散らされてしまった。つまり，人間が日々生きていくために食べ物を獲得しなければならないという労苦＝労働は，もともとは神々から人間に与えられた“懲罰”なのです。

ヘシオドスは，実際に人々が行う農作業や職人の手仕事を一定の知識や技術を必要とする「仕事」（ergon）として「労働」（ponos）とは区別していて，いわば単純な肉体労働と職人の手仕事の成果のあり方や有用性の違いから，仕事を高く評価していたように見えます。しかしそれは例外で，一般には，古代以来，実際の生活の中で何らかの活動をする際にこれらは同義語としてあつかわれました。労働は，生命や生計を維持するための必要で必然的な行為と見なされることで，懲罰であるだけでなく蔑視の対象とされてきたのです。

このことは，神話だけでなくギリシア哲学においても確認できます。

哲学者がいちばんえらい　ギリシア的人間観・社会観の集大成として，人間の精神活動に関するアリストテレスの3区分を挙げることができます。「見る」（theoria：観想・理論），「行う」（praxis：行為・実践），「作る」（poiesis：生産・製作）がそれです。そして，事物にとらわれない自由な精神活動を送る哲学者の営為であるテオーリア，軍人や政治の活動であるプラクシス，職人がすでにある素材を対象として行う製作活動であるポイエーシスという序列があるわけです。ここにはもちろん，生命や生活の維持のために必要にせまられて行うポノスとしての労働は含まれるはずもありません。これを先のアーレントは次のようにまとめます。

「ヘシオドスのように労働を賞賛したものまで含めて，人間の活動に対する古代人の評価は，いずれも，欲求が必要とする肉体労働は奴隷的なものであるという確信にもとづいている」

さらに，著名なプロテスタント神学者E. ブルンナー（Emil Brunner: 1889-1966）は上のような下等な肉体労働と高級な文化的活動という古代以来の価値観について，「労働についてのアリストテレスの考え方は，その価値観とともにキリスト教が支配的であった中世に受け入れられ」,「幾世紀にもわたってヨーロッパ文明を支配した」(『キリスト教と文明の諸問題』1982)とまとめています。私たち日本人は,西欧思想の底流に労働蔑視があることを確認しておくべきでしょう。経済学について考えるときもそうです。では,西欧思想のもう1つの源泉であるユダヤ・キリスト教においては労働はどのようにとらえられていたのでしょうか。それを次に見ておきましょう。

『聖書』にある楽園追放と原罪

ユダヤ・キリスト教では,日本人でもだれもが話としては知っている『旧約聖書』(ユダヤ教では単に『聖書』)の楽園追放が労苦の起源です。アダムとイブは,神の言いつけに反して,ヘビにそそのかされて善悪の知識の木の実を食べてしまいました。この,人間が最初に侵した決定的な罪である原罪に対する神の「呪(のろ)い」として,女は子を産む苦しみを与えられ,男は「生涯食べ物を得ようと苦しむ」ことになったと書かれています。こうした,生命や生活を維持するための労苦は,罰であると同時に人間にとって贖罪の行為でもあるわけです。

労働へのこうした性格づけを前提に,ギリシア哲学の受容以降の中世キリスト教思想においては,先の「観想的生活」の位置に高位聖職者の宗教活動が代わりにつくことになります。それに対応して,末端の世俗の人々の活動として日々の労働なり仕事なりが位置づくことになります。

中世修道院での苦行

読者の中には,教父・アウグスティヌス(Aurelius Augustinus: 354–430)は労働を奨励したとか,孤独と瞑想と禁欲を旨とする修道院の修道士の生活と労働は矛盾しないし，肉体労働は大きな精神的報酬をもたらすという見解があったと言われる方がおられると思います。また現在もそのように考える人が多いのではと思う方もおられるでしょう。しかし，基本は世俗的労働は聖職に対して下位にあるという点にかわりはなく，行為が難行・苦行であることにこそ意味がある，労苦を行うことはそれが労苦であるが故に価値あるものと見なされるだけなのではないでしょうか。中世修道院でよく見られた苦行的労働について，アーレントは次のように述べています。「キリスト教徒がしばしば労働を肉体に苦行を与えるために行ったことも，労働の活動力の性格について古代人が抱いていた信条と完全に一致している」と。

中世ヨーロッパの人々の生活についてのボルストの研究によれば，「手を使う労働の蔑視は中世にも広く見られるが，創世記の労働軽視の考え方と混ざり合ったものである」と述べています（『中世ヨーロッパ生活誌2』1983）。さらに，この時期について，「労働の価値なるイデオロギーは，これを公言する張本人が肉体的活動を恥ずべきものとして感じていただけに，信じるに足りないものなのだ（例外は特定の修道院に見られた）」（バウマン／サヒーヒ 映画『薔薇の名前』1986）という見解もあります。

以上は，非西欧世界の人間，あるいは現代日本の普通の社会通念を持った者からすると，かなり異質な，あるいはあけすけな労働観と言えるのではないでしょうか。そして西欧生まれの経済学とは，こうした伝統の中で形成されてきたものなのです。ただし，読者の中には，次のようなとらえ方をしている方々もおられると思います。それは，古代から近代初頭に至るまでの間に，労働蔑視の思想が労働を人間にとって肯定的にとらえるものに転換したという評価です。これは本当でしょうか。

労働観の転換はあったか

今村仁司という社会思想史家はかつて次のように言っておりました。「近代的労働観は労働を格下げと蔑視から解放し，労働を人間にとって肯定的なものと見なす」ようになったと（『仕事』1988）。ここで，「労働」は確かに苦しいものだが「仕事」は積極的な意味があるというようなあまり意味のないレトリックを使ったりもしています。

あのアーレントもこのように言います。

> 「労働がもっとも蔑まれた地位から，人間のすべての活動力の中でもっとも評価されるものとして再考の地位に突然見事に上昇したのは，ロックが，労働はすべての財産の源泉であるということを発見したときに端を発している。その後，アダム・スミスが労働はすべての富の源泉であると主張したときにも，労働の評価の上昇は続き，マルクスの『労働のシステム』において頂点に達した」（『人間の条件』1958）

一見してマルクスの『剰余価値学説史』（1861–63）を思い起こさせるアーレントのこの表明は，当然，強いマルクス経済学の伝統を持つ日本の知識人には大いに好ましいものであって，今なお支持者が多いと思います。さらに，マルクスを媒介に，先駆者ヘーゲルが人間精神の発展を労働の概念によってとらえようとしたと理解し，労働と人間との関係について「人間が労働を通じて人間になる」という，まるで労働信仰のような見解まで見ることができました（清水正徳『働くことの意味』1982）。なるほど，ここまで労働が称揚されると，アリストテレス的肉体労働蔑視への反撃について，先のブルンナーが次のように慨嘆するのにもうなずけます。

「19世紀の中葉には，カール・マルクスの経済史観という形で激しい反撃が起こり，……，実用性を目標とした経済活動に対する侮辱的態度は，いわゆる『労働者の神格化の神話』といっても良いほどの正反対の価値評価にとって代えられました」。(『キリスト教と文明の諸問題』1982)

以上は，いずれも労働のとらえ方の起点をどこに見るのか，転換点はどこであったのかの違いはあるものの，近代以前の労働蔑視から近代の労働称揚へと，労働観に大きな転換があったという点では共通しています。しかし，本当に転換説は妥当なものでしょうか。

労働観の転換はなかった

この章の最初に示したように，経済学，あるいはそれを生み出した西欧の労働観や社会観の歴史からみれば，労働観の転換はなかったと言わざるをえません。スミスにおける「苦労と骨折り」に負担以外の性格を見出すことは困難です。これは，現代の新古典派経済学の労働観，すなわち，新たに労働するということはその分，満足・効用を生み出す余暇時間が減るわけですから苦痛・マイナスの効用が増すという考えにつながっています。もちろん，この章の最初に示した労働基準法の賃金の定義にそのまま受け継がれているわけです。生産的労働というスミスの言い方も，単に商品生産に積極的に寄与しているということであって，何かその労働力に道徳的価値があるということではないのです。

すでにご承知のように，もともと経済（economy）という言葉には「節約」という意味があります。これは，何かやるときの手間や費用をできるだけ少なくする，できるだけ負担をかけずに同じだけ，あるいはより沢山の成果をあげるという，人類史の普遍的な法則とも言える人間行動の原則です。これなくして，旧石器時代の石器などから始まる道具の使用，その後の機械の発明や技術の発展などは起こりようがありません。つまり，「苦労と骨折り」をできる限り軽減して，より得をしたいと思うのが歴史貫通的な普遍の人間本性（human nature）なのです。経済学では労働とはこのようにとらえられているのです。この意味で，経済学から見る限り“労働観の転換”は起こらなかったし起こりようがないのです。私たち現代日本人の標準的な通念と経済学とのこの違いを改めて確認しておきましょう。

さて，次に進む前に，わが国での労働観の転換という見方や近代西欧資本主義という社会システムのとらえかたに大きな影響を与えたと言われる，マックス・ウェーバーの『プロテスタンティズムの倫理と資本主義の精神』（1905）について言及しておくことが有益であると思います。

ウェーバーは労働の“格上げ”をしていない

近代資本主義を創り出す「資本主義の精神」は，プロテスタンティズムとりわけピューリタニズムの世俗的禁欲主義の宗教意識である，とウェーバー（Max Weber: 1864–1920）は言います。そして，これを基礎づけたものが「キリスト教徒の救いをその職業労働と日常生活の中で確証するカルヴィニズムの中の思想」を導く予定説の教理であり，この職業労働と日常生活に宗教的意義を与えたものこそ，ルターの「天職」観念に他ならないと言います。ルターは，人々が担うあらゆる労働は，貴賤上下にかかわりなく等しく神からの呼びかけとして仕事としての職業（Beruf / calling）であり，その意味では肉体労働は決して卑しいものではなく，教会の聖職者の行いと何ら変わるところがないことになります。これは，誰もが神に呼びかけられたそれぞれの場所と職業において，「信仰のみ」の姿勢でその呼びかけに誠心誠意応えるという意味から「万人祭司説」と呼ばれています。確かに，一見すると，古典古代から中世までの，一般庶民の肉体労働を一方的に蔑視する労働観とは大きく異なるように見えます。また，二宮金次郎（1787-1856）的労働観，勤勉観の浸透してきた日本では西欧人の労働観が自分たちの考えに近づく方向へと舵を切ったと，ウェーバーの提起を好感を持って受け止める傾向が学者の中に生じたのも無理はありません。

問題は，しかし，肉体労働が最底辺の位置から上位に格上げされたと本当に言ってよいのでしょうか。第1に，前提として，堕罪した人間に対する罰としての労働は，カトリック，プロテスタントに限らず本来は忌むべき労苦であることは『聖書』に依拠する限り変わりようがありません。第2に，万人祭司説は教会と聖職者に「聖別」された特別の地位と役割を与えるローマ・カトリック教会への教義的政治的対抗の中で形成されたもので，それが果たした役割は，聖職の世俗的職業への同列化，すなわち“格下げ”に他なりません。世俗的職業にも宗教的，道徳的性格を与えたことが，直ちに労働一般を積極的に位置づける，つまり労働を“格上げ”したことにはつながらないのです。

では，なぜ，転換が起きて労働が“格上げ”されたというような見方が出てくるのでしょうか。この点を次の節で見ておきましょう。

“転換”論はなぜ出てくるのか：社会主義とマルクス

労働観の転換論は実は経済学以外の学問領域，たとえば政治思想や政治哲学，倫理学などから出て来ているのです。そして，これまで紹介してきた転換論の言説をみると，それらがわが国に限らずおおよそマルクスの労働の思想との関連と影響の中で示されていることがわかります。

マルクスの労働の思想は，19 世紀に入って以降ヨーロッパで急速に展開した急速な産業社会化への批判と拒絶の運動の中で形成されました。一方で肥え太る資本家がいて，他方で長時間労働に苦しむ貧困な労働者がいる，というイメージがもっともわかりやすいと思います。この運動と思想は，マルクスの思想もその一部に含んだ社会主義という理念によって概括されます。もちろん，この内容は国や時代状況の違いによって，資本主義の経済合理性に対するロマン主義として現れたり，逆に経済の恣意性・無政府性に科学や計画を対置したり，あるいは，貧富の格差を搾取の結果であると糾弾する所得の平等の主張として現れたり，個人の個別性ではなく社会の共同性を志向したりと，さまざまです。

日本で特に影響力を発揮したマルクスの労働の思想は，経済学の方法という視点から見た場合，“資本家による労働者の搾取”こそが貧富の格差の根本原因であると主張するための出発点でした。この搾取を説明するのが「労働価値論」(labour theory of value) です。流通しているある商品の価格に例をとれば，新古典派経済学ではそれを市場における需給均衡価格と見るのに対して，マルクスはその商品を生産するための標準的な投下労働量が価格を決めるとしました。その一方で，資本家が，投下された労働量から労働者の生活を維持できる「必要」部分を賃金として労働者に与え，それを越える「剰余」部分を利潤として搾取している，と主張しました。

この一見わかりやすい理論の当否はさておき，商品生産に投入されるさまざまな資源や要素の中で，なぜ労働という要素に一元的に還元しての価格決定論のみが妥当な理論であると言えるのかという点については，労働価値論擁護派は十分な答えを提示できていないのです。ハッキリしているのは，“人間が人間になる過程が労働だ”という，労働に対する特別で積極的な哲学的・倫理的評価がアプリオリに前提されているということです。こうしたとらえ方は，本章の初めに示した，西欧世界の歴史的・伝統的労働観，スミス以来の主流派の経済学での労働の位置づけとは大きく異なることに，皆さんは改めて気付くと思います。

“働くこと”はつらいこと

現実の世界では，日本でも外国でも，歴史的にも現代においても，企業やさまざまな団体には雇用する側と労働を提供する側との間に，法律的，形式的には対等平等な契約に基づく雇用関係があります。そこで，賃金水準や労働時間が雇用契約として両者の間の合意として定まる事になっています。そして，労働者の行動，企業の行動，市場の機能を分析する主流派の労働経済学では「労働者の行動を効用最大化により説明し，企業の行動を利潤最大化により説明する」（大森義明『労働経済学』2008）ことから出発しています。もちろんこの場合，労働者にとって労働時間が長くなることは避けるべきいやなことが増すととらえられています。ここには“労働は神聖なり”というような考え方は存在しません。

ところで，経済学から見てこの当然に見える関係のもとでも，現実には一般の勤労者は，自分たちは雇用者や経営者に比べて相当に低い賃金しかもらえず，決して豊かでない生活水準にあるという実感を持っているのではないでしょうか。“どこかがおかしい”と，こうした状況に対する批判の視点が生み出されるとしたら，それはどのようなきっかけからでしょうか。

二宮金次郎的勤勉観とともにマルクスの影響の強かった日本では，一般の勤労者にも学者の間にも“労働は神聖なり”という価値観が幅広く浸透していました。こういう状況下で，学者は“労働は負担だ”という否定的労働観から積極的労働観への転換を言うことによって，不平等な所得分配を生み出す現代の経済体制である資本主義批判のイデオロギー的基盤をうみだせるのではないかと考えました。もちろん，現実はそのようなことは起きていません。むしろ，“労働は神聖なり”という価値観は強制どころか自発的な長時間労働の根源の1つになっているとも言えます。結果的に，働く側より働かせる側にとって都合の良い状況を生み出しているのです。

本章では，働く側にとってより福利を向上させる方向へ状況を変えようとするなら，労働そのものへの積極的な評価からではなく，主流派経済学のように徹底して“働くことはつらいこと”，そういういやなことをやるからこそその対価を得ることができるという，スミス以来の本来の考え方に立ち返ることが必要であると主張します。勤勉と言われる日本人には難しい事かもしれませんが，そうして始めて，雇用契約の交渉の中から先に進む道が開けるのではないでしょうか。

AI で労働はどうなるか

上のような議論をしているうちに，世の中の変化のスピードはとても速く，人が避けるべきつらい労働をAI（Artificial Intelligence：人工知能）を備えた機械やロボットが代わりにやってくれる時代になりつつあるようです。すでに一部のコンビニ・チェーンでは，店内に入って自由に飲み物などの商品を手に取り，カバンに入れ，そのまま何もせず店を出ても，自動的にその人の銀行口座から買った品物の料金が引き落とされるという社会実験を始めているということです。

これが何を意味するかというと，コンビニの店舗が完全に無人化し，これまでそこで働いていたレジ係がいらなくなるということです。その分，人件費が節約されコンビニ会社の利益率が高まるというわけです。こうした事態は，今の社会のあらゆる領域で急速に進むと予想されています。なるほど，これは日常生活が簡単で楽になっていいなと思う人もいるかもしれません。しかし，実はたいへんなことが私たちの労働現場で起きることになるのです。つまり，スミスが言っていたような，いやなこと（toil & trouble）をやるからその対価（price）としての賃金を労働者は報酬として受け取る，という古来からのシステムがなくなってしまうことが起きると言えます。賃金として受け取った貨幣・通貨を支払い手段として使い，必要な生活必需品などの商品を購入することで人々は日々の生活を滞りなく行ってきたし，今もそうしています。

この支払い手段としての貨幣・通貨を得るための労働がAIによってとって代られたら私たちはどうやって物を買ったら良いのでしょうか？　そういう問題なのです。

どういう労働・仕事がなくなるのかの前に

先進国の労働問題についての研究では，すでにこの問題が何年も前から進んでいます。それを紹介する前に，仕事がなくなることの意味を理解するために次のことを確認しておきましょう。

労働がAIにとってかわられてしまうのと軌を一にして，その下準備として生活の中から現金が消えていきます。皆さんは，毎日公共交通機関を利用する際に現金を使っているでしょうか？

もうほとんど使っていませんよね。プリペイド・カードやクレジット・カード，スマートフォンでの決済をしていませんか？

このことは，社会を動かしているシステムから仕事がなくなることがどういうことなのかを象徴的に示しているのです。

鉄道運賃の決済は改札口を出入りするときに自動的に行われています。たとえば，JRのプリペイド・カードはカードへの事前のチャージ額の範囲で運賃額が引かれていきます。クレジット・カードや自分の銀行口座に直結したモバイル・ペイメントと言われる電子決済の場合は，その口座から自動的に運賃が引き落とされていくわけです。

つまり，銀行を経由しているはずのこのお金の動きに，すでに窓口業務などの人手はかかわっていません。また，鉄道の駅の改札口に，切符を持っていることを確認するとか使用済みの切符を受け取るための人員は配置されているでしょうか？ 普通はいませんね。50年前の大きな駅の何ヵ所もある改札口には何人もの駅員が，切符という現物にハサミを入れたり受け取るために配置されていました。そうです，改札という労働は今はもうなくなってしまったのです。このことを念頭に，今のそういうシステムを図示しておきましょう（図Ⅰ―1―1）。

図Ⅰ—1—1　この循環はどうなるのか?!

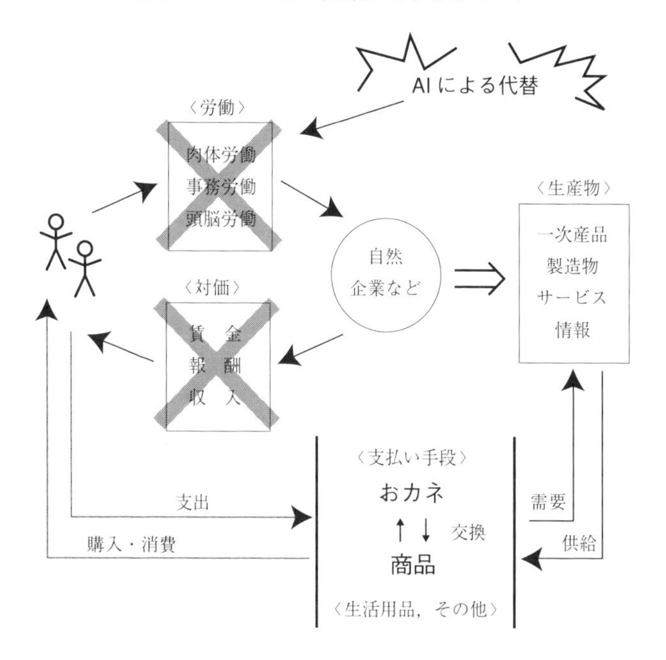

なくなってしまう労働・仕事

最近，テレビでも社会のこうしたトレンドについて紹介する番組が出てきました（NHKスペシャル「マネーワールド——資本主義の未来2——仕事がなくなる」2018年10月7日）。

そこで紹介された，将来AIによって置き換わられてしまう仕事は何かという調査のデータの一部を紹介しておきましょう（図Ⅰ—1—2）。

経済の眼から見た時，先に紹介した電子決済によるキャッシュレス化の進展とマイナンバーによる国民一人一人の金融資産の

図I―1―2　将来AIに置き換わる？

90％以上置き換わる可能性のある職種

レジ係，一般事務員，銀行窓口係，スーパー店員，倉庫作業員，ホテル客室係，警備員，機械組立工，機械修理工，プログラマー，税務職員，行政書士，税理士ほか

60％以上置き換わる可能性のある職種

公認会計士，司法書士，不動産鑑定士，証券外務員，ディーラーほか

把握がなされれば，銀行の窓口は必要なくなり商品の購買にかかわる支払いや国家や地方団体への納税もすべて自動的に行われるようになりそうです。非常にわかりやすい例と思います。

確かにこれらも，適切なアプリケーションとソフトが整備されれば，相当程度必要がなくなってしまう職種だと推察されます。現在こうした仕事についている人，特に学生で将来こうした仕事につこうと思っている人は，これから先のことをもう一度よく考えてみる必要があると思いますがいかがでしょうか。

すでに示唆しているように，単純に考えれば，従来からの資本主義のシステムの中でこれまであった仕事がなくなってしまうと，労働の対価としての賃金・給与を得ることができなくなるということです。そうなったら，人々は苦しい労働をする必要

がなくなりそうな反面で，生活必需品などの商品を買うための支払い手段がなくなったらいったいどうやって毎日生活していけば良いのでしょうか？ベーシック・インカムやヘリコプター・マネー，あるいは裏づけのない「政府紙幣」を必要なだけ発行するなどが，さしあたりは言われていますが，どうなるのでしょうか？AIの進展はそうした問題を私たちの前に突きつけることになります。これは，後の章で貨幣や仮想通貨とは何かを経済学的に考えるところで改めて検討してみます。

第2章　契　約

契約とは何だろうか

皆さんの誰もが「契約」や「契約書」という言葉を知っていると思います。しかし，毎日の生活の中で，あるいは，生まれてからこれまで，自分の眼の前で契約書なるものを見たことがあるでしょうか。おそらくほとんどの人が見たことはないし，外国映画であるように契約書にサインをしたこともないと思います。例外は，アパートの賃貸契約と近年契約書にサインすることが増えてきたと言われるアルバイトの場合でしょうか。わかりやすいのは，日本のプロ野球でシーズン・オフに行われる，選手と球団との間での「契約更改」です。これは，各選手の次の1年間の年俸と雇用条件を決める手続きですが，スポーツ新聞やTVなどのマスコミが有力な選手がどのように更改したかを，私たち一般人に対して伝えてくれます。確かにそこで，契約という行事を私たちは見てはいます。しかし，それがどういう意味を持った社会的行為であるか，経済的行為であるかについて，皆さんは本当に理解しているでしょうか。

辞書（『広辞苑』第5版）は以下のように契約を定義しています。

> 契約：① 約束，約定
>
> ② 対立する複数の意思表示の合致によって成立する法律行為。贈与・売買・交換・貸借・請負・雇用・委任・寄託などがその例。（下線強調は筆者）

見られるように，契約とはまずは約束のことです。日本の民法は，上の例を含め 10 種類以上のの契約の類型を定めています。ここでは詳しく紹介しませんが，主要には所有と財産に関わる契約，物や家などの貸し借りに関わる契約，そして労働に関する契約などです。少し考えれば，私たちの日常の社会生活すべてが，実は契約という関係によって覆われているということがわかります。私たちは契約という約束の網の目の中で生きているのです。もちろん，合意した契約は守らなければならないというのが原則であり，前提です。

経済は契約である

契約は英語では contract です。最初の意味は上の例と同様に「(売買・譲渡・請負などの) 契約，約定」であって，「結婚の契約，婚約」という意味もあります。イスラム教では,結婚自体が最初から契約であるとされます。

近代社会は経済的社会であるというこの本の見地からすれば，契約とは２人以上の当事者の合意にもとづく双務的な経済関係ということになります。辞書の説明の下線部をもう一度見ておいてください。

念のため，実生活に即してそのことを確認しておきます。たとえば，アルバイトであろうと本雇いであろうと，皆さんがコンビニや企業などで働くということは，契約書という書面があろうとなかろうと，皆さんと相手の雇用主との間に雇用契約が結ばれているのです。また，婚約も契約です。口頭でも有効な契約となります。ですから，特別の理由がないのに一方的に婚約を破棄した場合には，破棄された方の精神的苦痛に対する慰謝料や，結果として無駄になった婚姻準備費用等の損害賠償請求が認められています。皆さんも，男女ともに，軽い気持ちで

「婚約しよう」と言うのは気を付けた方がいいですよ。注意しないと思わぬ訴訟に巻き込まれてしまうおそれがあります。ここで注意しておくべきは，婚約破棄をした場合，それに伴う苦痛や無駄など形のない抽象的なものも，眼に見えて数えられる“金額に換算”して，これならいいかと当事者双方が合意して解決に至るという過程です。これも，現代社会が経済的社会であることの証(あかし)です。

契約とは give and take の関係

もう少し実際の例に即して契約のことを考えてみましょう。たとえば，私たちは毎日，何か商品を買ってそれを消費して生活しています。わかりやすい例を挙げれば，皆さんがコンビニで昼食用のパンを買い，それを食べて消費しますね。この時，パンに付いていた価格に対応するお金を，現金か電子マネーにかかわらずとにかくコンビニのレジで払います。この一連の行為によって，消費者である私たちと販売者であるコンビニとの間には売買契約が成立しているわけです。ここで契約とは，コンビニによって150円と値付けられたパン１個が売りに出されていて，そのパンの品質とそれに付いた価格に同意した私たちが，コンビニに150円を支払って（give して）パンをその見かえりに受け取る（take する）という仕組みです。コンビニの方から見てもパンを買い手に give してお金を take しています。双務的です。ところで，すべての物やサービスや情報が商品化され，それに価格が付いているという商品経済によって今の社会は成り立っています。つまり，私たちの生きている近代以降の社会とは，交換契約によって結ばれている経済的社会なのです。その経済社会について考える学問が経済学というわけです。

アダム・スミスは『国富論』(1776) でそうした社会について次のように言っています。

「(そこでは) だれでも交換することによって生活している。言い換えると，だれもがある程度商人となるのである」と。社会にいるのはみんな誰であろうと同じ「商人」なのです。身分や生まれは関係ありません。そして，商人は自分が得をするのか損をするのかにしか関心がないのです。それを踏まえて，『国富論』で有名なパラグラフを紹介しましょう。スミスは普通の人々の日常生活を次のように描写しています。

「私たちが自分の食事をとる (ことができる) のは，肉屋や酒屋やパン屋の博愛心のおかげではありません。彼らの自分の利害に対する関心によるのです。私たちが呼びかけるのは彼らの博愛的な感情に対してではなく，彼らの自己愛 (self-love) に対してです。

私たちが彼らに語りかけるのは，私たち自身の必要ではなく彼らの利益に対してです。」

私たちはパン屋に代金を支払い (give)，パン屋からは私たちにパンを見返りに得る (take) わけです。パン屋は私たちにパンを売り (give)，私たちから代金を受け取ります (take)。

まさしく，私たちもパン屋も同じ何かを相手に与え，何かを交換に獲得する商人にほかなりません。

では，この交換契約という give and take の関係は，結果として相互に利益や効用が生じるということに加えて，どういう社会的意味を持っているのでしょうか。

西欧人の契約観：身分から契約へ

たとえば，欧米先進国のほとんどはキリスト教国です。この宗教には2つの聖典があります。『旧約聖書』と『新約聖書』です。ここで，旧約，新約の「約」とは何でしょうか。これは契約を意味しているのです。しかも，それは人と人との間の契約ではなく，基本は神と人との間に結ばれた契約なのです。西欧人にとって，人は最初から契約の網の目の中にいるのです。神とすら契約するのです。日本やアジア社会にこうした発想はあるでしょうか？

とにかく，明治維新以降，日本が近代化に際して導入した西欧の制度や法律の背後にはキリスト教があり，契約という思想があるのです。ですから，経済学をはじめとした，社会科学という西欧からの輸入学問を理解しようとするとき，契約とは何かを考えることは不可欠なのです。ゲーム理論も契約の別の表現と言えます。

ところで，契約とはまずは約束でした。そして，"約束を守る"というのは，時代や社会や地域や文化が違ってもおそらく人間が集団として社会を作る中でもっとも基本的で尊重されなければならない原則だったはずです。これには誰も反対はしないでしょう。つまり，その意味では，いったん交わした約束を守るということ，すなわち契約の拘束力は近代以前の社会でも認められていたはずです。しかし，身分の上下を基本とする垂直的な関係が支配していた近代以前の社会の約束は，経済関係以外の所では上からの命令という片務的・一方的なものでした。それが，人と人との関係が水平的なものとなり同じ資格の平等な当事者たちが相互に相対するようになった近代社会では，約束はどのようなものととらえられるようになったのでしょうか。

これを，イギリスの法制史家H. メイン（Henry J. S. Maine:

1822–1888）は「身分から契約へ」と表現しました。それは，身分制から脱却した近代社会では，自由で平等で自立した存在である人間が自由意思に基づいて取り結ぶ約束，すなわち広い意味での契約的な関係によってのみ人は権利を取得したり義務を負担するのだというとらえ方です。現代法では私法に分類されるこの領域について，メインはローマ法の経済取引にあたる部分を参照して整理しています。その意味でも，契約という人と人との関係の枠組みと経済とは密接な関係があることがわかります。しかも，スミスが学んだスコットランド法がイングランドとは異なりローマ法の影響を強く受けて体系化されたことも，『国富論』に示された経済社会のとらえ方に大きく反映しているのです。

ただ，この章の最初に言いましたように，日本では契約へのこのような強い意識は見られません。欧米社会にみられる契約観は，社会を構成するメンバー一人一人が神の前に自立した強い個人として立ち，しかも個人として確固とした意志を持っているという前提の上に成り立っています。集団主義であったり間柄主義であったり場の空気を読んだりという相互依存性の強い日本では，法律に実際に記述されているほどには契約観念が幅広く流布しないのも当然かもしれません。したがって，本来の契約とは独立した個人相互の間でそれぞれの自由な意志によって締結されるものであるという「契約自由の原則」が，現実の社会関係の中ではともすると軽視されがちになります。また，契約とは自由な私的な諸個人間の自治的な約束が基盤であって，国や政府の意向が契約内容に介入したり影響を及ぼしたりするのは避けるべきであるという「私的自治の原則」も，等閑（なおざり）にされる傾向があります。また，後で触れますが，これらの原則は，いわゆるレセフェール，すなわち，市場のもとでの経済的自由主義のイデオロギー的基盤でもあるのです。

ケース・スタディ：NHK受信料「契約」は契約といえるか？

以下，契約観念が西欧と日本とで大きく異なっている例として，NHKの受信料「契約」の問題について見てみましょう。

この問題を考えるには，これまで見てきた契約とは何かということに加えて，契約自由の原則から導かれる2つの種類の法律のことを予め知っておく必要があります。それは「強行法規」と「任意法規」です。強行法規とは，当事者がある内容について合意して契約した内容よりも優先される法規・規則のことを言います。簡単な例は，殺人の請負を契約してもそれは公序良俗に反する犯罪なので無効となるということです。任意法規とは，契約する当事者の合意した契約内容が優先される法規のことです。重要なのは，契約に関わる法律は本来契約自由の原則からしてその内容は原則的には任意法規であるということです。

それに関連してもう1つ忘れてはならないことは，当事者同士の合意を過度に尊重すると，“合意はいかなる内容であっても絶対的なもの”という「契約至上主義」の考え方が強まることへの歯止めについてです。上の殺人契約は公序良俗への違反ないし強行法規違反であるとして，依頼された殺人に対して対価が支払われるという契約の内容が無効とされる例です。さらに，実際の社会生活にしばしば見られるのは，契約する当事者が現実には対等平等ではない場合に，契約の内容が著しく不合理なものとなる場合です。若年で社会常識のないアイドル予備軍を，著しい低賃金や過度の長時間労働を強いる「契約」によって縛るいわゆる芸能プロダクションの例は枚挙にいとまがありません。

さて，これらの前提を考慮して，テレビの映る受像機を買うと自動的にNHKとの受信料を支払わなければならないとされている，放送法第64条の受信料「契約」を考えてみましょう。

〇放送法第64条の「契約」観

- ・放送法第64条第1項：「協会の放送を受信できる受信設備を設置した者は，協会とその放送の受信についての契約をしなければならない。」
- ・放送法第64条第3項：「協会は，第1項の契約の条項については，あらかじめ，総務大臣の認可を受けなければならない。」（総務大臣の認可の下，「日本放送協会放送受信規約」を策定することになっている）。
- ・「日本放送協会放送受信規約」第5条：「放送受信契約者は，……（中略）……放送受信料を支払わなければならない。」

一見してわかるように，64条第1項で「しなければならない」「契約」という考え方が出てきます。これまで契約とは何かを学んできた私たちからすれば，まったくもって“奇異”としか言えない規定です。そもそも，自由で対等な立場の当事者が合意した約束が契約だったはずです。契約を命令するこの条文はあり得ない規定です。しかも，第3項で「契約」の内容が，あらかじめ公権力によって外から強制法規のように紛れ込んでいます。確かに，殺人契約の場合，殺人は公序良俗に反する犯罪だという強制法規によって契約内容が無効になることに合理性があります。しかし，放送法の場合は，契約当事者が契約内容を合議の上自由に決めることができるという契約自由の原則あるいは「内容自由の原則」すら，当事者は内容についてまったく関与できず，あらかじめ決められた内容が外部から強制されていることによって守られていません。

原理主義的な経済的自由主義の立場からすると，市場の公正な競争を守るための「独占禁止法」や「反トラスト法」すら，公権力の介入にほかならず施行すべきではないというM. フリードマンやシカゴ学派の見解があります。これは極端な例で，その妥当性についてもちろん議論がありますが，契約自由の原則の一つの側面をよく表しています。つまり，現在の放送法の「契約」観は本来の意味での契約とはかけ離れたものだ，ということです。

では，放送法は契約自由の原則を侵害しており憲法違反だという立場から，受信料契約を拒否しているテレビの所有者に対してNHKが受信料を請求できるかが長い間争われた裁判で，最高裁はどのような判断を下したのでしょうか。簡単に言えば，"当事者間で契約は成立していないが，放送法で決めているから受信料を払え！"がどのように評定されたのかを見てみましょう。

最高裁大法廷判決（2017年12月6日）は大丈夫か？

この長い裁判は，より正確にはテレビ受像装置設置者に受信契約を義務づける放送法64条の規定が憲法に違反するかどうか，それに，契約がいつ成立するかなどが主な争点でした。判決は，テレビなどを設置した人に受信契約を義務づける放送法の規定は憲法に違反しないという初めての判断を示しました。

判決の要点は以下の通りです。

① 放送法64条1項は，受信設備設置者に対し受信契約の締結

を強制する旨を定めた規定。

② 放送法 64 条に示された受信料の仕組みは，国民の知る権利を充たすために採用された合理的な制度で立法の裁量の範囲内にあり，憲法違反ではない。

③ NHK からの契約申し込みをテレビ所有者が拒否した場合は，NHK が契約の承諾の意思表示を命令する裁判を起こしてその判決の確定をもって契約が成立する。

④ 判決が確定して「契約」が成立した場合，判決成立以前の，テレビを購入・設置した時点にさかのぼって以降の受信料を支払わなければならない。

① について：強制されるような「契約」は本来の意味での契約とは言えないのですから，この時点できわめておかしな主張といえます。腕を取られてむりやり契約書にサインさせられるようなものです。

② について：国民の知る権利を代行的に行使する NHK の公共放送としての内実を守るための制度だから，契約は本来任意法規であっても，法律で強制的な内容を決めてもかまわない，ということです。しかし，NHK の会長人事や予算編成は国会の承認が必要だし，それらを決める経営委員会の委員は，総理大臣によって任命されます。実際，NHK が政権に忖度（そんたく）してその時の政府に都合の悪い情報を報道しなかったり，ニュースでの表現をあいまいにしたりする（軍用機の「墜落」を「落下」と言い換える）ことはよく知られていることです。つまり，判決の根拠となっている NHK の公共性には疑問があるということです。

③ について：これだけは，さすがに最高裁も NHK 側からの“契約しろ”という一方的な通告だけで受信料契約が成立すると

は言えないと考えたようです。とはいえ，契約の承諾を強制する判決を前提にした手続きを結局は認めたことは，契約法からだけ見ても法理論上矛盾が残るというそしりからはまぬかれません。現状追認の「受信料契約」という形にこだわる限り，この問題からは逃れられないのです。

④について：ここにも大きな問題が残ります。まず，テレビの受信装置が最初に置かれたときには「受信料契約」をせず，その後に「契約」を強制する判決が出た場合はいつから受信料を支払わなければならないのでしょうか。判決通りだとすると，仮に設置開始から判決までが30年間だったとして，その受信装置の所有者は30年分の受信料を支払う義務を負うことになります。現在の衛星放送（地上波含）年間前払い受信料は約25000円，それに年間12％の延滞料を足して総額28000円×30年＝84万円になります。しかし，民法で定められている債権，簡単に言えば借金の時効は最長でも10年です。つまりNHKの受信料は，社会の趨勢や慣習や常識にのっとった時効期間を無視できる特別な債権であると最高裁はみなしたわけです。とんでもない話です。

それに，そもそもテレビの受信装置がいつ設置されたと確定できるのでしょうか？　また，契約強制判決が出る前に受信装置を処分している場合はどう対応するのでしょうか？　法律的にも現実的にも穴だらけの最高裁判決と言ってよいでしょう。

まっとうな「反対意見」の意味するもの

その最高裁でも，契約とは何かという契約法の精神を踏まえたまっとうな反対意見を表明した裁判官が一人いたことを記しておきましょう。最高裁のホームページに6頁にわたりK裁判官の「反対意見」が掲載されています。そこに示された，本書の関心から見えてくる要点は以下です。

①「放送法 64 条 1 項」が定める契約締結義務は，意思表示を求めることのできる性質のものではない。
② 放送法の規定は，判決によって受信契約の締結を命令し強制できるだけの要件を備えたものとはなっていない。
③ 判決が，契約する前の時期の受信料を支払う義務を生じさせるとすることは，承諾の意思表示を命じているのではなく義務負担を命ずることである。また，受信料の「支払」義務までをも命ずることは，「契約締結」の義務を定めた放送法の範囲を逸脱している。
④ 法理論上も現実にも，裁判の判決によって契約を成立させることはできず，何らかの別の形で NHK が受信料を請求すべきである。

① について：心の内面では反対しているのに「契約を承諾します」という意思表示を判決によって強制させるのは，ヨーロッパ中世か江戸時代の「踏み絵」のようなものです。市民法の常識からして考えられません。K 裁判官の意見は当然です。

② について：どこに合意があるのでしょうか。これまで学んできた契約とは何か，契約自由の原則の内容から言って当然の見解です。

③ について：① の立場からすれば，放送法の範囲を内心の自由を侵食することまでの方向に拡大することは現に慎むべきです。これも当然です。

④ について：受信料「契約」に固執するから，法理論上整合しない様々な問題点が生じるわけです。英国 BBC のようなライ

センス料の強制徴収という形にするなら，この部分はクリアーできます。ただし，NHK 放送の公共性についての問題とは区別して議論すべきです。

契約と現代経済社会

以上を踏まえて，改めて今私たちが生きている現代の社会で契約とは何かに立ち戻ってみましょう。

一言でいえば，近代以降の社会では，対等平等な市民としての当事者がお互いに合意した約束が契約なのです。そして，その約束は守らなければならないということも，当事者たちは相互に了解していると考えられています。ここには，封建社会の垂直的な身分制社会から近代の水平的な平等社会へと，社会の基本構造が転換した歴史が反映しています。つまり，天から降ってくる神のお告げや王の命令などでなく，眼の前にいるお互い同士の合意によって人々が何をやるのかが決まって行くのです(図I―2―1)。そして，こうした人間関係・社会関係を長い時間生み出したのが人と人との水平的な交換や交易，つまり，経済なのです。

もちろん，約束は守られるとはいってもそれですべてうまく行くわけではありません。実際には，当事者の立場の違いや交渉の時に持っている情報の違いなどによって，結ばれる契約の内容が，一方の当事者に理不尽に有利であったり，過労死するような非常識で不利な労働契約であったりします。殺人契約のようにそれ自体が公序良俗に反するような場合もあります。

この点をアルバイトの場合でもう一度考えてみましょう。皆さんが，コンビニの募集広告を見て雇用主の所に行き，「ここで働きたいです」と申し出ます。そこでは，皆さんも雇用主も，

図Ⅰ—2—1

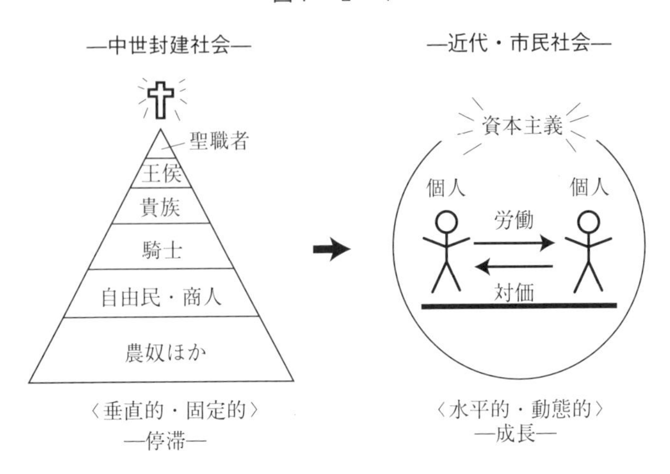

労働という提供 give に対しては常に賃金というそれに見合う対価（take）が対応していると考えているでしょう。たしかに，形式的には水平的で自由な両当事者の関係の上で雇用契約を結ぶことになります。しかし，雇ってもらおうという皆さんは交渉の場で果たして雇用主と対等な立場にいると思えるでしょうか。話が進んで「時給はこれでいいですね」と言われたときに，「相場はこのくらいですからもう少し時給単価は高くお願いします」などと皆さんは交渉できるでしょうか。地域の賃金の状況についてコンビニを経営している雇用主の方がよく承知しているだろうし，そもそも雇ってもらいたい側と雇う側とでは契約交渉に臨む際の力関係が違います。人手不足であろうとこの上下関係はなくなりません。つまり，「契約自由の原則」のもとで合意ができても，必ずしもお互い等しく満足できる結果にならないのです。

実際の契約関係は平等か

近代以降の経済社会の基軸である契約関係は，そもそも対等・平等ではないと指摘したのが，労働契約に即してこの点を考えたマルクスです。表面的・形式的には労働契約は労働と賃金の交換という等価交換に見えるが，見えない深部では労働側は賃金に見合う以上の労働部分を雇用主である資本家に盗み取られていると，搾取論を展開しました。『資本論』で労働価値論を基軸に展開されているこの主張がどこまで首尾一貫して妥当な理論であるのかは今なお議論のあるところですが，アルバイトをする皆さんの実感によく対応しているのではないでしょうか。この考え方からすれば，歴史で習った工場法による労働時間の制限や労働組合の結成などの労働側の抵抗や運動は，知らないうちに搾取されてしまう余分に働いた部分を取り戻す，あるいは小さくするという方向で展開された運動であったと言えましょう。

以上を言い換えると，労働契約が法的・形式的に対等・平等な形で結ばれた正当なものに見えて，本質的・内容的には搾取を容認する不正義の契約だということになります。しかし，そうだとすると，市場経済を基盤に展開している資本主義という経済システムは盗みを覆い隠している不正義のシステムであるということになります。次の章では，経済の眼から見た時に契約社会でのこの問題について考えてみたいと思います。経済，経済学で正義とは何かです。たとえば，スミスはどう考えていたのでしょうか。

第3章　正　義

経済にとって「正義」とは何だろうか

前の章で正義とは経済にとってどういうものか，という問いを立てました。まず皆さんに言っておきたいのは，哲学者や倫理学者，あるいは宗教者が説明するであろうこととはかなり違う話になるだろうということです。つまり，人や社会にとって望ましいことを行う個々人の徳性が正義であることはその通りです。しかし，その「望ましいこと」として何か絶対的な尺度からみて善いことがまずあり，そのような状態やそれを実現できるようにすること，あるいはその状態を目指して行為する人の持つ徳性を正義と考えるのではないのです。経済で正義とは，あくまでも，現実の世の中の人と人との具体的な関係の中での，当事者たちがそれでよいと見なす状態やそれを目指す行為のことなのです。実は，このことはすでにギリシアの哲学者が示唆しています。代表的な辞書からこれに関係する部分を抜き出してみましょう。

せいぎ【正義】(justice)

・社会全体の幸福を保障する秩序を実現し維持すること。プラトンは国家の各成員がそれぞれの責務を果し，国家全体として調和があることを正義とし，アリストテレスは能力に応じた公平な分配を正義とした。近代では社会の成員の自由と平等が正義の観念の中心となり，自由主義的民主主義社会は各人の法的な平等を実現した。

・社会の正義にかなった行為をなしうるような個人の徳性。
（『広辞苑』第5版）

上にあるように，プラトン（Plato: 427-347 BC）と違ってアリストテレス（Aristotle: 384-322BC）は，早くもポリス共同体の富や財貨の分配という極めて具体的な事態を対象として正義を語っています。実は経済や経済学で問われる「正義」とはこうした捉え方が出発点となっているのです。アリストテレスは『ニコマコス倫理学』で“正義とは人と人との関係における徳性”とまず言います。次にそれを共同体における個別の事例に則して説明しようとします。つまり，プラトンの好む抽象的な「善」のみにはこだわらず，具体的な，したがって事実的な関係の中で時に変わりうる徳性として「正義」を示すわけです。すでに2章で契約について考えてきた私たちは，人と人との間の最も基本的な徳は“約束を守ること”であることに思い至ります。きわめて現実的，具体的，世俗的だとは思いませんか。

アリストテレスの実際の議論はもう少し複雑です。それを次に整理して示しておきましょう。

アリストテレスの正義論

アリストテレスの議論の特色は，抽象的・一般的な主題についてもできる限り具体的な事例を出して説明している点です。正義についても，ポリス共同体の富や財産，そこで日々行われている商取引や契約を「特殊的正義論」として論じています。

かなり複雑なアリストテレスの議論を経済の視点から整理して理解するには，そこに示された2つの前提と，4つの視角を抑える必要があります。アリストテレスはまず，ポリス共同体が哲学者や政治家，軍人，職人，商業者，奴隷という人格の価値評価の異なる身分制の不平等社会であることを出発点にします。また，等しい値打ちをもったもの，等価なものが交換取引されるということを前提にしています。次に，①「幾何学的比例」で示されるポリス内の「人と人」との人格的・価値的・実質的関係，②「算術的比例」で示される取引対象の「ものともの」との物的・量的・形式的関係，③戦争などで取得した分捕り品の公的分配関係，④主として小売商人による私的取引と契約関係，の4点を整理の視角とします。これをマトリクス的に配置してそこに特殊的，すなわち具体的な正義の3つのあり方（分配的正義・応報的正義・是正的正義）を割り振っています。

ここで，分配的正義とは，ポリス共同体の構成員の身分や貢献度に応じた，つまり幾何学的な比例に応じた不均等・不平等な分配の実現のことです。社会の構成員へのできる限りの公平な分配を意味する現代の「分配的正義」とアリストテレスのこの言葉の使い方とが違う点に注意してください。

是正的正義とは，是正の必要のない等価交換であるはずの自発的な商品取引の場合に欠陥商品や不正な価格の商品が販売されたとき，あるいは，金貸しや雇用や質入れのような契約関係での不履行や詐欺が見いだされた場合には，本来の等価，中庸，を基準に取引や契約を是正するというものです。その際，当事者の人格的価値の違いは考慮されず取引自体の妥当性のみが問われています。これはきわめて経済合理的で現代的な解釈と言えないでしょうか。

応報的正義とは，当事者たちの共同体内での価値序列や貢献度が幾何学的比例として存在することを前提に，その異なった

図Ⅰ—3—1

	公的分配関係	私的取引関係
人格的・価値的・実質的 (「人・人」関係・幾何学的比例)	分配的正義	応報的正義
もの的・量的・形式的 (「もの・もの」関係・算術的比例)		是正的正義

貢献度や技能の持ち主が財貨の史的な交換取引や契約の場面に相対したときには，是正的正義の算術的比例に基づいてそれぞれの財貨が等価で交換されるよう財貨の数量が調整され，この過程を媒介に応報的正義の人格的価値に対応した分配も結果として実現するというものです。応報的正義は，２つの側面を併せ持ったものとして整理されています。

上にこの全体を図示します（図Ⅰ—3—1）。

ポリス共同体での交換取引の意義

アリストテレスは，戦争によるポリス全体の分捕り品はポリスの構成員の身分や貢献度に応じた，つまり幾何学的な比例に応じた不均等・不平等な分配が「分配的正義」であると同時に「応報的正義」の実現であると言います。社会の構成員へのできる限りの公平な分配を意味する現代の「分配的正義」とアリストテレスのこの言葉の使い方とが違う点に注意してください。分捕り品を1000単位取るのが将軍であったとすれば1単位取るのが一兵卒であるという不平等な分配のあり方が正義の実現であるわけです。

次に，商人による私的取引関係として１台の寝台と100足の

図Ⅰ―３―２

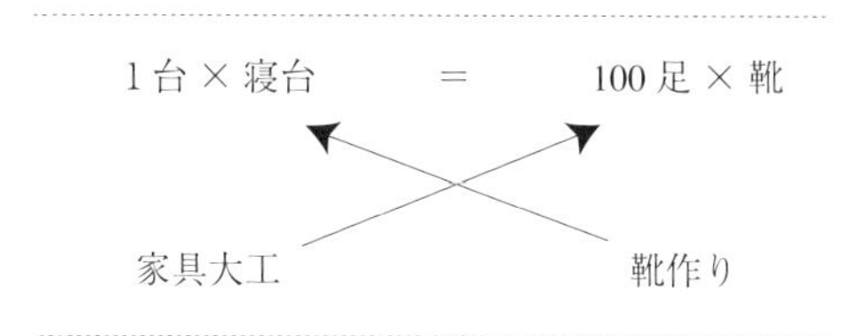

・「１台の寝台」と「100足の靴」の交換取引の例→「応報的正義」+「是正的正義」
“貢献度に応じた数の違い”(応報)+“「中」,「等しさ」としての等価交換”(是正)

靴が交換される例をアリストテレスは示します。それを以下に整理して図示します（図Ⅰ―３―２）。

この取引の過程は，

①「人・人」関係としては，人格的価値＝貢献度＝技能に対応した「幾何学的比例」が予め存在し，

②「もの・もの」関係では，交換取引を通じて「算術的比例」による等価交換がなされ，

③ 結果として，それぞれの価値に対応した報償＝応報が実現した。

と解釈できます。家具大工の価値が靴作りの価値の100倍であることを前提に，１台の寝台が100足の靴と等価交換されることで商業取引も正しく行われ，結果としてポリス共同体の身分制度や構造が維持されることになります。アリストテレスは，その点について１つの筋道の通った説明を行っていますが，驚くべき洞察です。なお，上の図の矢印の関係をアリストテレスは「対角線の組み合わせ」と名付けています。本来の経済的視点からすれば，家具職人が自らの労働や費用を投下して寝台を

つくるのですから，対角線ではなく家具職人から垂直に線が上の寝台に引かれるのが自然に見えます。これは寝台を作る職人の労働と生産に着目したとしても，近代的な意味での生産コストとしてではなく，あくまでもポリスの構成員の人格的評価の一環としてとらえるので，それを靴作りという他の種類の労働の所産の量によって測ることになったと推測できます。やはり，アリストテレスは古典古代の人間であるということです。

この点に転換を見ることができるのが，中世の神学者トマス・アクィナスです。次にそれを見てみましょう。

トマス・アクィナスの経済的正義論

トマス・アクィナス（Thomas Aquinas: 1225-1274）も多くの中世の神学者・哲学者と同様に，アリストテレスの『ニコマコス倫理学』の註解を行っています。ここでは，その註解と主著『神学大全』から，上に紹介したアリストテレスの特殊的正義論に対応する部分のみを紹介しておきましょう。

第1に，トマスの使った『ニコマコス倫理学』のラテン語訳の問題も契機となり，アリストテレスの特殊的正義がトマスから「分配的正義」と「交換的正義」の2種類に集約されてしまったことが重要です。つまり，交換する当事者の属している社会での評価が含まれていた応報的正義と是正的正義が，財貨の交換の場面における実定的正しさである「交換的正義」という形式的な妥当性のみに大きく転換してしまったのです。トマスの言う実定的正しさとは，当事者の合意あるいはある集団の共同の合意によって形成されるもので，交換取引，すなわち人々の経済行為は「交換的正義」のみによって特徴づけられるようになったのです。

図Ⅰ―3―3

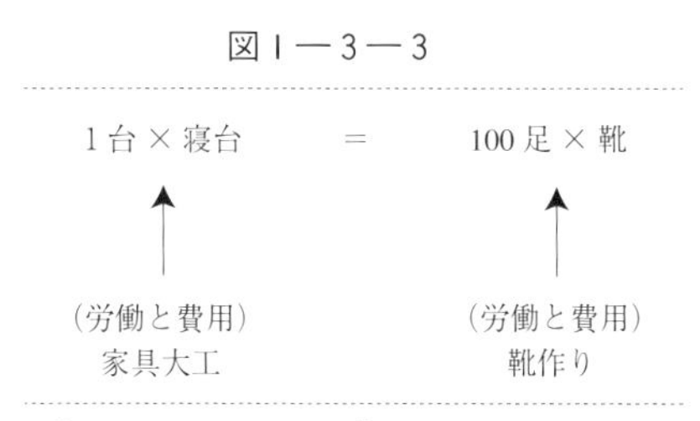

「共通の評価」ないし「公正価格」による取引

第2に，したがって，1台の寝台と100足の靴との交換の例も図Ⅰ―3―3のように理解することになります。

つまり，等価交換を前提したとき，現実の“もの”に即した等しさが「交換的正義」の内容であり形式でもあるので，アリストテレスの応報と表裏一体の交換当事者の人格の属性は後方に退き，彼らの身分や出自は商品の交換には関係なくなります。交換される財貨の生産のための労働とかかった費用の大きさのみが等価であることを示す尺度になります。そこにはアリストテレスの「対角線」は登場しません。生産の過程と生産物との関係が垂直的な，私たちにもわかりやすい形で結び付けられることになります。

その時の交換の形式的な約束事，すなわち契約が等価交換であることさえ守られればそれは「交換的正義」が実現していることになります。そして，実際に交換される時，交換契約の際の2財の交換比率，つまり価格は，当事者間ないしその地域や共同体の「共通の評価」ないし「公正価格」となるわけです。トマスの経済についてのこのような考えは，中世を通して権威あるものとして受け入れられました。しかも，この「交換的正義」は，人間愛，親切，友情といった倫理的にのぞましい積極的な徳性ではなく，単にお互いの約束を守ればいいという形式的でいわば消極的な徳性に過ぎません。この徳性を人々の経済取引の基軸として社会を描き出したのが，今でも“経済学の父”と言われているアダム・スミスです。では，スミスはどのように正義を考えたのでしょうか。

アダム・スミスの交換的正義

スミスの生まれた18世紀初めのスコットランドは，現実の社会の探求を主たる検討の対象とする，世俗化した大陸の自然法学の影響を受けつつより現実的，形式的な法学が展開していました。グロティウス（Hugo Grotius: 1583–1645）やプーフェンドルフ（Samuel von Pufendorf: 1632–194）の法学が受容され，特にプーフェンドルフの著作はスコットランドの大学で法学の教科書として使われました。

そこでは特に，人と人との関係が極めて形式的に捉えられていて，商業取引を行う人間も必ずしも有徳で立派な善人である必要はなく，お互い同士嘘をつかず納得して合意した約束を単に守れば十分と考えられました。それはたとえば2物が交換される商取引に際して，財貨の値打ちの点で不等価な交換であったことが後でわかったとしても，それが詐欺や当初確認できなかった欠陥があった場合以外は，最初に交換当事者が合意した2財の交換比率は変わらないと見なされていました。世俗的と言われる大陸の法学では，本当の価値との差額を，損をした側に返還するのが道徳的であるとされていました。つまり，スコットランドでは，大陸よりも，財貨の実質的な等価性の確保を目指しつつも，当事者が合意した交換契約としての形式的な妥当性の方をより強く優先させているのです。現代の契約法での「契約自由の原則」の原初的な現れとも言えましょう。

こうした法学を学んだスミスには，『国富論』（1776）の前の著作『道徳感情論』（1758）で早くも次のような記述をします。少し長いですがスミスの経済社会，当時の言葉で商業社会のとらえ方のエッセンスがよく出ているのでそれを確認しておきましょう。

「社会はさまざまな商人の間でそうであるように，色々な人々の間で社会の効用を感じ取ることができるので，相互に愛情あるいは愛着がなくても存立することができる。その社会に住むものが，誰一人として何らの義務も感じず，あるいはお互い何ら感謝の気持ちで結ばれていないとしても，それでもなお社会は，合意した価値評価に基づくめいめいの努力の打算的交換によって，これを維持することができる。」

経済的社会は愛情のない社会

愛情がなくても社会は「合意した価値評価に基づく……打算的交換」さえあれば維持できるというのは，実に驚くべき表明ではないでしょうか。これはもちろん，交換的正義，つまり約束を守るという形式的な消極的徳性さえ達成されれば他はいらない，ということになります。しかもスミスは，人間愛や親切などの誰もが反対しないような道徳である積極的な徳性が，内容や程度において「漠然としている」のに対して，合意した価値評価を守るという消極的な徳性は「最大の正確さをもって，それが要求するすべての外面的な行為を決定する」とまで言います。もちろん，貨幣によって財貨の価格や借金の額が誰の眼にもはっきりわかるという状況を念頭に置いているわけです。

スミスはその具体例を挙げます。ある人がある期限で10ポンドの借金を他の人からした場合，その人は「正義は決められた時期に……正確に彼に10ポンドを支払うべきことを求める」と。この正義はもちろん「交換的正義」です。この正義は愛情に基づく慈善活動のような「何ら現実に積極的な善をなすわけではない」し「隣人に害を及ぼさない」範囲の「消極的徳性」に過ぎないのです。しかしスミスは，商業社会でこの正義さえ守られていれば「静座して何もしないでいることによって，われわれはしばしばすべての正義の規則を満たしうる」と言い切ります。『道徳感情論』でこう宣言したスミスは，後の『国富論』で，第2章で紹介したように商業社会では私たちは「誰でも……ある程度商人となる」と言うことになるのです。

以上をスミスの関連する表明も踏まえてまとめると以下のようになるでしょう。商業社会において，「分配的正義」のような経済の外からの一定の価値判断に基づく人為的な介入によってではなく，「交換的正義」に基づく経済行為が自由に円滑に行われていさえすれば，かりに大きな所有の不平等が存在しても社会全体の富裕が実現していくのであると。『国富論』ではその経済の動きのメカニズムを探求したわけです。

見られるように，ここには現代の新自由主義的経済政策や市場原理主義の理念の原型が示されています。スミスには，こうしたいわば冷静で冷たい経済のとらえ方がその発想の中核にあります。スミスは正義というものを“約束を守る”という日常生活のレベルに押しとどめることによって，ヒュームとともに，ニュートンの成果と方法を参考に，経済の動きを道徳や思想としてではなく，科学として理論をもって分析しようとしたはずです。それがのちの人間によって，スミスが“経済学の父”と呼ばれることになる所以(ゆえん)です。

ところで，現在，『道徳感情論』に示されているスミスの同感／共感（sympathy）論をもとに，上に示したような“冷たいスミス”ではなくスミスの経済論の博愛主義的な側面を，つまり“温かいスミス”を取り出す傾向が現在多く見られます。これはなぜなのか，ということをこの章の最後に考えてみましょう。

現代経済学における「正義」とは

現在，日本だけではなく世界全体をおおっている最大の経済問題は，極端な所得格差，あるいは所得分配の想像を絶する不平等であると言えるでしょう。そのことが，国際的な難民問題に象徴されるような，これまでにない形やレベルでさまざまな困難な社会状況を作り出しています。このことは，日々のニュースを見るだけでも誰もが実感しているのではないでしょうか。経済は継続的に成長し，自分たちの所得は毎年確実に上昇していくだろうという1960年代の楽観的な雰囲気はもはやどこにも存在しません。

実際，WEBサイトにも紹介されている有名なOXFAMの調査を見てみましょう。2015年の調査結果のポイントは，以下のようにまとめられます。

① 超富裕層62人の資産が，下から36億人分とほぼ同じ。
② 超富裕層トップ1％の資産の方が残りの99％の人たち全部の資産より多い。
③ 世界の14億6千万人の人々が，月7000円以下の収入で生活している。

衝撃的な数字ではないでしょうか。近年話題になったT. ピケティ『21世紀の資本』(2014) ではさらに，富裕層とそれ以外の人々との間の所得格差が現在拡大しつつあることを示しています。こうした中で，私たちは日々生活しているわけです。世界第3位の経済大国と言われるこの日本ですら，昼食を毎日満足にとることができないほどの貧困な状態にある子供が7人に1人いるという調査もあります。皆さんはこうした事態をどれほど実感しているでしょうか。

この本の見地からして興味深いのは，ピケティの次のような主張です。「私の理論における格差拡大の主要な力は，市場の不完全性とは何ら関係ない……その正反対だ。資本市場が完全になればなるほど，資本収益率 r が経済成長率 g を上回る可能性も高まる。」これをアダム・スミスが読んだらびっくりするのではないでしょうか。

スミスはもちろん，富裕と貧困の問題に気がついていました。しかし，古い重商主義的な規制から自由になった人々の経済活動が自然に円滑に展開すれば，国全体の富が増進して結果的に最も貧困な人々の福利も向上すると考えていました。だから，前に見たように，社会を構成する人々はみなある程度商人であって，そうした人々が日々の取引の約束を守りさえすればそれだけで社会は安定的に維持されると言うことができました。もちろん，この時に守るべきものが「交換的正義」であったわけです。では，「分配的正義」はどうだったのでしょうか。

スミスの時代に「分配的正義」とは，古典古代以来の身分や社会の役割に応じた富の不平等な分配を意味していました。ですから，スミスや同時代の知識人からすれば重商主義的規制とともにこれは排除すべき「正義」でした。すでにおわかりのように，「分配的正義」の意味内容が現代では大きく転換しているのです。極端な所得格差は社会的に承認されるべきではないというのが現代の意味での分配的正義なのです。経済学でも，所得分配や福祉の問題を扱う厚生経済学という分野が重要な一部門として幅広く研究されています。経済学部の学生や卒業生なら，所得格差についての「ジニ計数」という言葉を聞いたことがあると思います。また，この点は，私たちが18世紀の啓蒙期を含めて社会科学や経済についての古典を読む場合に誤解しないよう注意しなければならないことの1つです。よく覚えておきましょう。

所得格差はなくせるか

問題は，現在の意味での分配的正義を実現するのは大変に難しいということです。私たちがその中にいる資本主義という経済システムは，もっとおいしいものを食べたい，より良い生活をしたい，より多くの所得を得たいという人々の自然的で利己的な欲求を原動力にして動いています。ここを出発点にして，人々の自由な経済活動が市場経済のもとで展開されているわけです。その時，経済活動を行う当事者は必ずしも社会全体のこと，他人の所得や幸福のことを考えているわけではありません。皆さんはアルバイトの仕事をしているとき，そんなことを考えているでしょうか。いないと思います。経済取引のルール，ものが欲しい時にはそれを買えるだけのお金を出して交換する，この「交換的正義」だけを考えているわけです。この点ではスミスの言ったとおりです。

つまり，人々がみな常に他人の幸福や社会全体の利益を考えるほど“立派”で有徳でしょうか，そんなことはないのが現実だということです。ギリシアの哲学者や中国の古典に示されたような徳を備えた人が社会の多数派となっているでしょうか。もしそうなら，現在，中東で起こっているような市街をまるで前史時代の廃墟にするような愚かな行為は起きていないはずです。でも，現実はそうではありません。政治学者や倫理学者はすぐに「熟議の民主主義」などと言ってみんなが全体のことを考えればいいといいます。もちろん，そんなことはできません。こういうのは，誠実な知識人が陥りがちな，“卓越主義 perfectionism の罠”とも言うべきものです。しかし，私たちがその中で生きている資本主義と市場経済は，「交換的正義」という外面的で極めて形式的なルールを守ることでそのダイナミズムを維持しているのです。

そうです。スミスが考えた経済社会のあり方は今なお変わることなく続いています。問題は，結果としていつもは自分のことだけを主に考える普通の人の感覚からしても，これはどうもおかしいと思えるほどに貧富の格差が拡大していることです。果たして，経済学はこの課題にこたえることができるのでしょうか。マルクスをはじめ多くの先駆者たちはこの問題に取り組んできましたし，現代の主流派経済学に異議を唱える学者もある程度いました。しかし，公平に見てけっして実現可能な解決策を見出してはいません。経済学はこの問題を問われているのだと思います。ただしその答えには，天から降ってくるような，立派で有徳な人間しか担えないような“善いこと”ではなく，経済という現実から出発した何かふつうの人でも実現可能な新しい「正義」のあり方が必要なのではないでしょうか。

第4章 権 利
――権利は経済学で語れるか？――

「健康で文化的な最低限度の生活」（日本国憲法第25条）

現代社会には地球温暖化，資源エネルギー問題，難民の発生などさまざまな問題があります。その中で，人々の生活に直接かかわる大きな経済問題が，日本でも世界でも所得格差の問題であることは誰もが否定できないでしょう。日々のニュースを見るだけでも，どこの国でも地域でも，この問題を適切に解決できない場合，社会や経済，そして政治の安定が大きく損なわれていることを誰もが目にしていると思います。この章では，この所得格差について考えてみます。

ただし，読者の皆さんの多くが習った，所得分配の平等度を測るジニ係数，ローレンツ曲線，相対的貧困率といった経済指標について紹介したり検討したりするわけではありません。それらの指標は現実の状況を示すデータを解釈しているに過ぎません。この章で考えるのは，なぜそうした指標類を経済学者や経済統計関係者が考えようとしたのかということです。たとえば，ある一つの国や地域の中で，一部の少数の人々が贅沢な生活をしている一方で，その他の多くの人々の所得が低く生活必需品さえ十分に手にすることができない状況があるとします。それを見た時，たいていの人がその社会のどこかがおかしいのではないかと，感じるはずです。学者も例外ではないでしょう。それで，まずは現状を正確に理解するためにデータを収集するわけです。では，なぜ学者も含めて多くの人々がそのように感じるのでしょうか。それは，自分も含めて，人として誰もがそれなりの普通の生活を送ることができることが望ましいと考えているからではないでしょうか。これは感情をともなった1つの価値判断です。

日本国憲法第25条は，このことを「すべて国民は，健康で文化的な最低限度の生活を営む権利を有する。」と「権利」として謳(うた)っています。

ワイマール憲法（1919年）

ところで，権利というと誰もが，精神的自由（内心の自由，信仰の自由，表現の自由），身体的自由（不当に拘束・逮捕されない），経済的自由（所有権の保証，職業選択の自由，居住・移転の自由）といった自由権的基本権をまずは頭に浮かべると思います。特に，3番目の経済的自由の確立とは，政府は経済活動への介入を極力避け，個々人の私的な経済活動を阻害しない小さな政府であることが望ましいという，19世紀型の資本主義経済システムを根拠づける考え方でありました。この考え方は，皆さんも眼にしているように，アダム・スミス『国富論』（1776）の名とともに経済的自由主義という強固なイデオロギーとして現代にまで引き継がれています。

しかし，20世紀に入って，憲法25条にあるようなもう1つの新たな基本的権利，社会権的基本権が確立されました。特に25条は，社会権の1つとしての生存権の表明であると言われています。これは，高校世界史の教科書に書かれている，19世紀の資本主義経済の展開によってもたらされた，長時間労働や貧困，所得格差の拡大と，それに対抗する労働運動などの社会問題の発生が確立の主要なきっかけです。この社会権的基本権が最もわかりやすく初めて表明されたのが，1919年のワイマール憲法第151条第1項です。それは，「経済生活の秩序は，すべての者に人間たるに値する生存を保障する目的をもつ正義の原則に適合しなければならない」というものです。これは，それ以降の世界各国の憲法の先駆となったとも評されています。

ここで注意すべきは，ワイマール憲法が「人間たるに値する生存」を「正義の原則」だと謳(うた)っていることです。ここでの正義は，すでに見た交換的正義とは違って，強い価値判断を伴った「正義」であることがわかります。つまり，この原則の内容が，普遍的に守られるべきもの，つまり人間であることのみを根拠にした自然権であると言っているのです。言い換えれば，人が社会関係に入る前に人として生まれた瞬間にすでにその権利を持っていることになります。そうだとすると，人と人との社会関係そのものである経済を対象とする経済学は，この権利をどのように扱うことができるのでしょうか。まずは権利とは何かというところに立ちかえりながら考えてみましょう。

そもそも「権利」という言葉とは

よく知られているように，権利という翻訳語は西周(にしあまね)（1829-1897）が英語のrightを苦労して漢字語とした言葉です。苦労したというのは，ほかの多くの翻訳された外来語同様に，まずは原語の意味内容に対応する日本語の言葉が日本の幕末・明治初期には存在しない状況から出発したためでした。次に，西が理解した原語の意味内容にうまく対応させる漢字の組み合わせを，儒学の聖典や西欧文献の漢訳，それに中国で出版された英華辞典などを渉猟する中で自ら新たな言葉を創出する必要があったためもあります。それとともに，進んだ西欧の知識をいかに新しい日本への知識の普及と学問の発展に役立てるかという明確な目的意識もありました。こうして西は，江戸時代末期までの日本国内で使われていた漢字の意味内容も考慮しつつ，検討・熟慮の上に知識人のためだけではなく，字の読める普通の日本人にも理解しやすい漢字を選んで新たな翻訳語を作り上げたのです。

ということで，日本の漢字語の学術用語，専門用語が何を指しているのかを考えるときには，必ずそれに対応する外国語の原語の意味内容をはっきりさせておくことから出発する必要があるのです。

辞典を見る

まずは『ランダムハウス英和辞典』（第2版）を見てみましょう（必要な部分だけを抜き出してあります）。

次に国語辞典を見てみましょう。『広辞苑』（第5版）です。

以上から何が見えてくるでしょうか。人の権利にはどうやら2つの根拠があるように見えます。必ずしも，日本国憲法25条やワイマール憲法第151条に強く示されている自然権としての権利だけではなさそうです。それを次に見てみましょう。

権利の2つの根拠

自然権論　以下の説明は，法学部の学生の皆さんや法律を少しでも勉強したことのある方々には自明のことかもしれません。しかし，少なくとも日本の経済学の教科書や概説書では権利と経済学の考え方との関係について書かれていることは稀です。実は，経済学とはどのような学問なのかを考えるとき，この権利をどう考えるかは重要な試金石なのです。

辞書の説明からだけでも，権利の根拠は法律によって与えら

right　n.

①（法的・規範的・道徳的に）正当な要求［資格，理由］：You have a right to say what you please. 君が言いたいことを言うのは当然の権利だ。He has every right to an apology. 彼は謝罪を受けてしかるべきだ。

② 時に rights（正当な要求・法的保証・道徳的信条などによってすべての人間が当然受けるべき）権利，人権：公民権 women's rights 女性の権利，natural rights 人間生得の権利，rights and duties 権利と義務，labor rights 労働者の権利，the right of light 日照権，one's right to existence［or living］（人の）生存権，the right to remain silent 黙秘権，give［or read］a person his rights（逮捕した被疑者に，黙秘権などの）権利を読み聞かせる（⇒ MIRANDA）Freedom of speech is a right of all Americans. 言論の自由は全米国人の権利だ。

（『ランダムハウス英和辞典』（第2版）より）

けん－り【権利】〔法〕（right）

① 一定の利益を主張し，また，これを享受する手段として，法律が一定の者に賦与する力「―を取得する」

② ある事をする，またはしないことができる能力・自由。「他人を非難する――はない」（⇔義務：法律によって人に課せられる拘束。法的義務はつねに権利に対応して存在。倫理学では，人が道徳上，普遍的・必然的になすべきこと。）

（この義務の説明は『広辞苑』以外のいくつかの典拠からの著者によるまとめ）

れるという考え方と，普遍的な道徳に基づくという２つの側面が見て取れます。これが，法実証主義と自然権という本質的に異なった考え方です（図Ⅰ―4―1）。日本の高等学校までの権利教育では，１つの理念としての権利を主として自然権によって説明してきたのではないでしょうか。

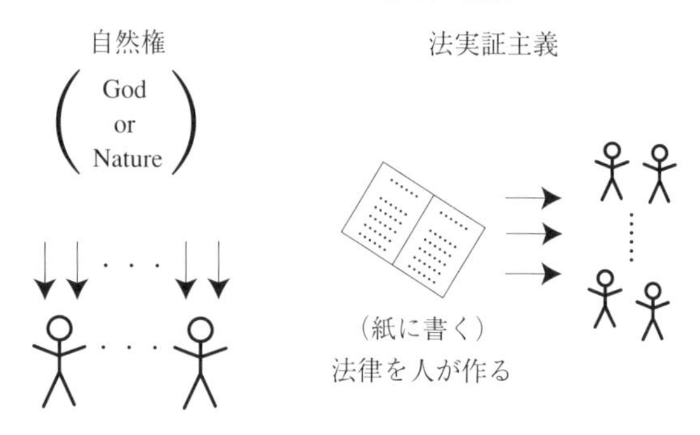

では，なじみの深い自然権から見てみましょう。自然権とは，権利とはすべての人間が生まれながらにして持っているものという思想です。西欧思想でいえば，国家によって制定された法以前に，神もしくは自然法によって人に権利が与えられていると考えます。この系として，人間の権利とは国家（公権力）によって侵害されないものだという考え方があります。

この思想は，アメリカ独立宣言（1776），フランス人権宣言（1789）の基軸となっていることは私たちも良く知るところです。これが日本国憲法にも引き継がれていることは言うまでもありません。主たる理念は，人間の自由と平等，人民主権，言論の自由，三権分立，所有権の神聖ほかです。留意すべき点として，所有権の高い位置づけと，これらの宣言が国王（＝公権力）対議会（＝私人，市民）という対峙関係の中で形成されてきたことです。「アメリカ独立宣言」に先立っての宣言に「ヴァージニア権利の章典」（1776）があります。これには，人間が本来持っている自然権とともに，不適切な政府に反逆する権利も宣言されているのはその象徴でしょう。近代社会の形成原理として私たちはこれまでの教育の中で教えられてきたと思います。

法実証主義　では，もう1つの権利の根拠とは何でしょうか。それは，『広辞苑』の説明にある，「法律が一定のものに付与する力」と権利を規定しているところです。これを，法実証主義（legal positivism）と言います。つまり，制定された法律（実定法）によって，あるいは法として書かれたときにはじめて権利は権利としての力を持つということです。例を挙げると，法律で動物にも権利があると規定すればそれは立派な権利となります。人間には限らないのです。日本ではあまり強調されませんが，この法実証主義と，自然権を導くのが自然法で自然法は実定法の上位にあるとする自然法論とが，西欧の法思想を二分してきたし，今もそうなのです。

法実証主義をとる代表的な思想家がベンサムです。彼は，自然権をナンセンスと批判します。簡単に言えば，自然権は一見普遍的に見えても結局はイデオロギーであり，主観的であって時に“神々の争い”を生み出してしまうと言います。何が善いことで道徳的に推奨されるなすべき行為であるかは，人や国や文化，歴史や宗教で異なっていて，それが衝突した時の事を考えてください。その時は暴力以外に解決のしようがなくなってしまいます。ベンサムはそう考えました。現在各国での紛争状況を見ると示唆的ではありませんか。

じつは，この法実証主義の思想が経済学の成立と深い関係があることを以下に述べておきたいと思います。

正義についての第3章で示したように，アダム・スミスは商業社会で達成されるべき正義は「交換的正義」であると言いました。この正義は，商品交換や商業，交易において当事者間の約束や契約を守るべきという形式的で消極的な正義です。これさえ守られれば社会は維持されるとスミスは言いました。そして，社会的な富の分配政策や貧者への富者からの富の分配は，「不完全正義」や「不完全義務」として，スミス自身の自然法学の法規範の外に排除されているのです。もちろん，この時のスミスの自然法は中世的な自然法とは異なり，グロティウスやプーフェンドルフによって完全に世俗化（実定法化）された自然法です。スミスはこれを踏襲しているのです。“道徳的には立派でやるべきことだが行わなくてもいい”ことになるようなものが「不完全」で「法律で決まっているからやらなければならない」が「完全」というわけです。ここで，この章で最初に示した格差の問題に戻りました。以下では，社会の所得格差是正の根拠の問題が最初に本格的に議論された，19 世紀イギリスの「改正救貧法」（1834）の策定の過程を見てみましょう。

救貧法のはじまり：慈善

私たちの多くは日々社会の中で“普通に”生活していると思っています。同時に，さまざまな意味で“社会的弱者”と呼ばれる人々がある程度，あるいは相当程度に社会に存在していることも知っています。また，そうした人々のために行政が政策として色々な形の生活援助を行っており，そのことを，私たちは当たり前のことだと了解していると思います。そして，この章の最初に紹介した憲法 25 条に基づいた社会保障制度ないし社会福祉政策がその例であり，しかも，それは行政による当然の施策と考えていると思います。

しかし，歴史的には，行政による弱者救済が当然のことであると見なされるまでには，長い時間がかかっており，社会保障制度はなぜ必要であるかについての多くの議論があったのです。ここでは，社会の中で人を“弱者”にする典型である貧困を例としてこのことを考えてみます。もちろん，歴史上，最初の社会保障制度は，イギリス・テューダー朝のエリザベスⅠ世の時代に制定された貧民救済の法律，「救貧法」（1601）です。このことはほとんどの方が高校『世界史』の教科書で学習したと思います。この最初の救貧法は通称「エリザベス救貧法」と呼ばれています。

ここでは，この法律の中味を詳しく見ることはしません。そのかわり，どのような考え方や根拠でこの救貧法が制定されたのかに絞って考えてみます。簡単にいえば，「エリザベス救貧法」の根拠は「慈善」（charity）です。中世ヨーロッパでは，イギリスも含めて，貧民の救済は教会の役割でした。キリスト教の慈善の心に基づいてその教区の貧民の生活補助や就労援助などを行っていたものを法制化したのが，この救貧法です。整備はされましたが，その根拠はあくまでも「慈善」であることを覚えておいてください。実際，救済活動の資金をまかなうために救貧法と同時に作られたのが「慈善信託／用益法」（Statute of Charitable Uses）という法律です。出発点はあくまでも「慈善」

図Ⅰ―4―2　「救貧法」3つの根拠

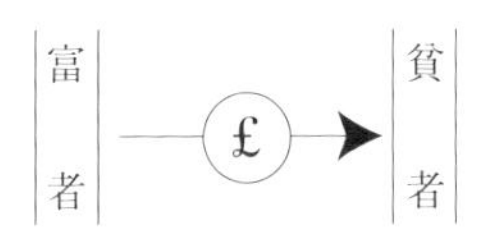

① 慈善・施し（富者の義務）……「エリザベス救貧法」
② 貧者の権利（将来の社会権）
③ 社会全体の効用の拡大（功利主義）……「改正救貧法」

（チャリティ）なのです（図Ⅰ―4―2）。

救貧政策への経済学者の批判：マルサスとリカードゥ

慈善を根拠として長く続いたイギリスの救貧法体制は，19世紀に大きくその性格を変えます。1834年の新しい救貧法では，まず，担い手が教会から行政に移ります。それ以上に重要なのは，救貧を根拠づける考え方が大きく転換したことです。

実はその前に，18世紀末に現在の最低賃金制やベーシック・インカムの原型とも言われる「スピーナムランド制」（1795）も施行されるなどの貧困対策である社会保障政策の展開がありました。ところが，このような労働者救済政策には，現在の経済学説史の教科書に必ず出てくるような経済学者による強い批判があったのです。マルサスとリカードゥです。

簡単に言えば，マルサス（Thomas Robert Malthus: 1766-1834）は，本来自助努力すべき労働者に賃金保証をすれば労働者の勤労意欲が削がれ自堕落な生活に陥り，結果として子供が必要以上に生まれ人口増加によって経済が圧迫されると警告しました。一方，リカードゥ（David Ricardo: 1772-1823）は，貧困層に対する所得の補助の原資をそれ以外の実働している自立的な階層や富裕者に求めると，そうした人々の可処分所得が減り社会全体の経済活動が沈滞して経済成長が阻害されると批判しました。

マルサス

この2人の警告や批判は，社会福祉

は本来自助努力にその多くを委ねるべきだという考え方と，いや，社会保障制度こそ人々の生活を安定させる基礎となるのだという，現代の社会福祉政策に対する２つの大きく異なる考え方を先取りしていると思いませんか。もう１つ，経済学（者）は冷たいと思いませんか。アメリカでいえば，オバマ・ケアという社会保険制度に反対する共和党とそれを守ろうとする民主党との違いです。

リカードゥ

歴史的には，改正救貧法の施行によって，スピーナムランド制は廃止されるとともに，働ける労働者の自助努力が強く推奨されました。貧困者の救済や労働者保護の観点からすればこれは後退と言えます。しかし，その一方で，教会の教区などの地域単位ではなく，政府による国全体に対する統一した政策として社会保障，社会福祉にあたるという方向が最初に示されたとも言えます。

「改正救貧法」の貧民救済の根拠とは

慈善か自然権か 以下では，先に予告したように，なぜ救貧をするのかの根拠についての議論を紹介したいと思います。G. ヒンメルファーブ（Gertrude Himmelfarb: 1922–）という歴史家による，イギリスの産業化初期の資本主義経済での貧困が，個人の境遇の問題から社会的な問題に転換したということを詳細に検討した『貧困観』（1983）という大部な著作があります。この中で，「改正救貧法」（1834）策定の際の議論が紹介されています。それをこれまでの本書での検討と経済学の歴史の両面から整理すると次のようになります。

リカードゥの『経済学の原理および課税』(1817) では，イギリス全体の一国経済をマクロ的な所得という点で把握した時，年間の総所得が，地主は地代を，資本家は利潤を，労働者は賃金をそれぞれ獲得する形で分配されると見なしました。ヒンメルファーブが示した救貧の3つの主要な根拠づけは，おおよそこの3大階級の立場に対応していました (91頁，図I－4－2)。

貴族，地主階級や篤志家たちは「慈善」に基づく恩恵が救貧であると考えました。宗教的伝統に基づいた“持てるもの”が道徳的義務として行う“持たないもの”への施しが救貧であるということです。いかにも旧来の身分制度の上に立つ階層にふさわしい，哀れみ深い善行と自己満足できるのが救貧というわけです。

次に，労働者階級は救貧を権利としてとらえました。18世紀以降，産業化の進展とともに大量の都市労働者が力を持った1つの社会階層として登場し，19世紀に入ると1820年代には団結権が承認され，30年代には労働条件を改善する工場法が制定されました。その一方で「大衆的貧困」(pauperism) と総称される膨大な都市貧困層があらわれました。いわば一国経済を担う階級の総意として，救貧は当然の「権利」であると主張するわけです。これは社会権としての主張であり，背後に自然権の思想があるのは言うまでもありません。そして，労働者保護という点からは後退とみなされる内容を持つ「改正救貧法」に，彼らは強く反対しました。

では，「改正救貧法」を基礎づける彼らの考え方は何であったのでしょうか。

ベンサム

効用が根拠　ここで「効用」（utility / expediency）が登場します。というのは，改正救貧法の成立からその実施に至るまでリーダーシップをとったのがベンサマイト（ベンサム主義者）と呼ばれるグループで，特にナッソウ・シーニア（Nassau William Senior: 1790–1864）とエドウィン・チャドウィック（Sir Edwin Chadwick: 1800–90）がその中心であったからです。新しい救貧法のもとになった「救貧法調査王立委員会報告書」の大部分を執筆したのがこの2人でした。

彼らが依拠したのは，人は快楽を求め苦痛を避けるという人間観を出発点に，快楽とは幸福であり幸福は富によって獲得されるとしたベンサム（Jeremy Bentham: 1748–1832）の考え方でした。そして，社会を構成する一人一人の幸福の総和が社会全体の幸福になると考えたベンサムにとって，望ましい社会状態とは，「最大多数の最大幸福」が実現している状態のことでした。このようにきわめて現実的で実践的なベンサムは，当然にも貧困の解決に先に紹介した自然権のような抽象的な理念は無意味であると主張しました。

後にJ. S. ミルによって有名になったこの功利主義（utilitarianism）という考え方を，経済の視点から見れば次のようになります。快楽とは商品の所有や消費から生じる効用や有用性であり，人はその効用や有用性による満足度をより大きくする反面で，その過程で生じる負担や費用をできるだけ小さくするように行動するととらえます。これは，現代の経済学でいう「経済人」そのものではないでしょうか。

さて，改正救貧法では，まず，貧困の原因を貧困な労働者の自己責任に帰するとともに，必要な貧民救済政策の原資を富者の所得に求めます。そうすると富者の幸福が減殺されることになりますが，逆に貧者の幸福が増大します。実は，ベンサムによる貨幣の限界効用逓減の指摘を承知していたベンサム主義者にとっては，富者の１ポンドの効用より貧者の１ポンドの効用の方が大きいことは自明の理となります。つまり，富者の効用の減少分を越える貧者の効用の増加があるような適切な貧民救済政策によって，結果として社会全体の効用すなわち幸福を増大させることになると言えるのです。

ベンサムもリカードゥと同様に富者からの所得の移転は基本的には望ましくないとしつつも，所得の社会的な不均衡の是正が必要という趣旨のことを『民法典』で触れています。

私たちがここで注意すべきは，効用を基準に考えれば，慈善という道徳に強制されることもなく，自然権という抽象的なイデオロギーによることもなく，効用というただただ実際的な指標で救貧の有効性が示されることです。

改正救貧法と経済学

ここでは，決して労働者救済とは言えない改正救貧法の劣等処遇原則や過酷な救貧院（ワークハウス）など具体的な内容や，歴史的には失敗であったことについては触れません。あくまでも，教会道徳や自然権などのアプリオリな価値判断抜きに効用の増大という単なる事実的な指標のみにおいて，所得格差の現れである貧困解消政策の妥当性が根拠づけられていることに注目します。

つまり，これはもう経済学の方法論の話に入り込んでいるのです。方法論とは学問の哲学のことで，①認識論（対象がどう見えるのか），②論理学（矛盾なくどう記述するのか），③存在論（意味・規範・価値判断）で構成されています。現代経済学の方法論についての基本的著作と言われる『経済学の本質と意義』(1932) で，ライオネル・ロビンズは③の価値判断は経済学には必要なく，それを排除することで経済学は科学になると言いました。その後の経済学は，形式化，数学化を極端にまで推し進めることによって，あるいは経済活動の具体的なデータのみによって議論を構築するという，まさに「科学」らしくなってきたわけです（第6章「幸福」も参照）。

以上を踏まえて救貧法の話に戻れば，ベンサマイトは慈善や自然権といった価値判断を排除して効用に基づくことで，言いかえれば誰にでもわかりやすい損得の問題に還元することで改正を推し進めていったわけです。もちろん，こうした考え方は，経済学者のマルサスやリカードゥに習っているだけではなく，ニュートンの方法を経済社会の解析に適用しようとしたアダム・スミスまでさかのぼれます。歴史家がしばしば，改正救貧法はアダム・スミス以来の経済的自由主義の思想によるものであったと言うのもこうした方法論的な背景があるためです。権利の問題を，あるいは「健康で文化的な最低限度の生活」を保障すべきであるという価値判断を，経済学はこれまで排除することで「進歩」してきたと言えます。

こうした経済学的視点からの政策評価は現在でも生きています。日本は先進国の中で高等教育での女性の方の在学率が例外的に低いと言われていますが，一般に女子教育について，世界銀行やユニセフは次のような尺度で女性在学率の向上を求めています。“教育に投資した費用を考えた時，女子教育は，その個人が教育を受けたことによって獲得できる私的な利益率も，社会全体が受け取る社会的な利益率も，その双方が高い優良な投資先である”からというわけなのです。全体を見れば，男女平等や教育を受ける権利という観点がないわけではないのですが，改正救貧法の場合と同様に，まずはこうした経済学的評価に最も説得力を持たせているようです。

現代経済学と「健康で文化的な最低限度の生活」をおくる権利

この問題は今のところ，実際の政策としては富める人々から貧しい人々への所得の再分配なくしては解決できません。そして，現在に至るまで，現実の社会では貧困と所得の再分配の問題は常に重要な政治課題であり経済課題でもあり続けてきたことは誰もが否定できません。

もちろん，現代の正統派経済学でも A. C. ピグーの『厚生経済学』（1920）以来，極度に形式化・抽象化された経済学の中でこの問題は考えられてきました。しかし，これまで見てきたように，基本的には，科学であると主張する経済学にとって権利の問題，価値判断の問題はその領域の外に置かざるを得ません。実際，<u>価値判断を排除した科学であり続けること</u>を念頭に置きつつ厚生経済学で示された定理は，ボックス・ダイアグラムや競争均衡やパレート効率などのジャーゴンを使って抽象化された，まるで精緻なプラモデルのような数学モデルです。普通の人間がその世界と現実とをつなげて考えることはできません。見方を変えれば，道徳判断を排除しての理論的苦闘といえなくもありません。

こうした状況に対して，ロールズ（John Bordley Rawls: 1921–2002）は，所得の再分配の主張には，社会的に不利な立場に置かれた人々の福利厚生の改善が必要であるという道徳的な命令が，当事者に求められると主張しています。言いかえれば，所得分配に不平等があると倫理的に判断するには，不平等自体やその原因に対して何らかの正義の基準が必要であるということです。

現在のゲーム理論やメカニズム・デザイン，あるいは実験経済学などはこうした道徳や一定の価値判断を理論の中にどう反映させるかに腐心しているように見えます。実は，この点でもアダム・スミスは『道徳感情論』（1759）の中で，慈善などの教会道徳を持ち出すことをせずに，社会の中の個々人の感情を出発点にして，それを同感（sympathy）という人の感情の働きを媒介に結果として人々がそれぞれの経済的欲望を自己規制するメカニズムを説明していたのです。今までのところ，現代の経済学者の試みは，より洗練された手法によってその後追いをしているのに過ぎないように見えます。

経済学は権利を語れるか

近年の実験経済学による結論に，人々は「経済人」のような合理的な行動を必ずしもしないという「発見」があります。「限定合理性」と呼ばれます。しかし，これは，市井の普通の人なら誰もが持っている程度の自明なことではないでしょうか。つまり，少なくとも現段階では，経済学はロビンズによって限定された「科学」の内部に留まる限り，道徳や権利に関わる問題を扱うことは難しいと言わねばならないということです。この章の最初に戻れば，「健康で文化的な最低限度の生活」という権利の問題を，経済学は効用以外の道具では理論として扱うことはできていないのです。さらに言えば，グローバリゼーションが進展する現代資本主義世界の最大の問題である富の分配の不平等という問題に対して（第7章を参照），現代経済学は方法的な再検討と再編を経ずしては意味ある実践的な提言をすることはできないのではないかと言えるでしょう。

第5章　所　有
――「これは俺のものだ」はどこまで通用するのか――

所有とは：近代市民社会の存立根拠

経済や経済学のことを考えるときに，ものを持っている，何かを所有しているということを考えないわけにはいきません。なぜなら，何かを持っているところから経済は出発するからです。S. キューブリック監督のクラシック映画『2001年宇宙の旅』（1968）で描かれているように，自分の集団と自分以外の集団との最初の交流は“殺し合い”でした。その“殺し合い”とは違った原始社会での新しい人と人との関係が，物々交換でした。自分のものと引き換えに他人のものを交換する，この新たな関係，経済関係が力強い機動力となって人類史をより上の段階に引き上げてきたことを私たちは知っています。所有は出発点なのです。

ところで，人がものを持つという所有を，人間にとって絶対に必要な権利であると宣言したのが『フランス人権宣言』（1789）です。わが国ではこの宣言について，自由，平等，友愛，圧制への抵抗を，人間が生まれながらにして持っている自然の権利であると主張していると，習います。その一方で，所有権についてはほとんど強調されません。しかし，『人権宣言』で重要なのは，人がものを持つという所有権も同じように自然の権利であり（第2条），しかも何びとも侵すことのできない「神聖な権利」（第17条）として最大限の評価をしている点です。

つまり，歴史家が明らかにしているように，フランス革命に

パリ大学ソルボンヌ法学部の玄関　「自由・平等・友愛」とあるがこれで安心してはいけない（https://amdg.exblog.jp/15694135/ より）。

代表されるいわゆる市民革命の時代に新たに宣言されたのは，所有権こそ市民が自由な人格を持った主体として自立するための根拠であるということなのです。つまり，自由で平等な市民による民主制度（democracy）として構成される近代市民社会と，モノを持っているという私的所有とは本来表裏一体のものとして構想され，形成されて，確立されて来たのです。

イギリスについて見ると，こうした方向を担ったのが，独立自営農民から成長した農業資本家，新たに登場した産業資本家，初期独占から強力な商業資本家や金融資本家へと成長したグループ，それらに寄生する地主たちでした。相互に連携し競争する彼らによって市民社会が近代資本主義社会として成立したのです。

もちろん，その初期の段階では，モノを持たない無産者は「市民」たり得ません。だからこそマルクスは，そういう西欧社会をブルジョア（市民＝有産者）社会と名付けたのです。基本的人権の確立という看板だけを見て，わが国では等閑（なおざり）にされがちな『人権宣言』での所有権は神聖だという側面を忘れてはいけません。市民社会とは経済的に発展する社会ですが，ともかく最初から，ものを持たない下層社会の人々にとっては厳しい社会なのです。

以上を念頭において，もう少し厳密に所有とは何かを考えてみましょう。なお，ここでは，『人権宣言』の正式名称が『人間と市民の権利の宣言』（Declaration des Droits de l'Homme et du Citoyen）であることに示されている，人（Homme）が「男」であり，市民（Citoyen）が「男の市民」であることについては論じません。

ここでもまず，辞書ではどう説明しているかから始めましょう。『広辞苑』第5版からここでの検討に必要となる部分を取りだしてみましょう。下の囲みを見てください。

所有：自分のものとして持っていること。また，そのもの。「広大な土地を一する」「一主」。

所有権：〔法〕有体物の全面的かつ絶対的な支配（自由な使用・収益・処分）を内容とする最強の物権。

物権：〔法〕他人の行為を介することなく直接目的物を支配して利益を享受しうる権利。所有権・地上権・永小作権・質権・抵当権など。

権利：①［荀子勧学］権勢と利益。権能。②〔法〕(right) 一定の利益を主張し，また，これを享受する手段として，法律が一定の者に賦与する力。「—を取得する」(←この説明は，4章で見た「法実証主義」で，「自然権」ではないことに注意－筆者)。③ ある事をする，またはしないことができる能力・自由。「他人を非難する—はない」

要するに，所有とは，排他的に「占有」，「使用（利用)」，「処分」している，またできる状態であり，所有権とは，そのような内容の行為を可能とする法認された権利と言えます。これは私たちの生きている今の社会の中で，人々の生活の基礎になっているこれ以上強いもののない1つの極めて強力な通念であり，社会規則であり，法制度と言えます。

英和辞典で見る「所有」

次に，所有という翻訳語のもとになったヨーロッパ語，特に英語の辞書ではどのように説明されているかを見てみましょう。この章に必要な部分を取りだしてみます。

英和辞典の解説のポイントを挙げておきましょう。1つは，1つの言葉に具体的なものを指す場合と抽象的な状態や性格を意味する場合があることです。ここでは，property には「財産」などの事物を意味する場合と，「所有」という状態を表す場合があることがわかります。特に，private property は，制度やその性格を示す意味での「私的所有」と，所持している具体的な対象を指す「私有財産」の両方の意味があり，その言葉の前後の文脈からどちらであるかを推察する必要があります。もう1つは，【7】の，ある事物に固有な性質や特性という意味です。これは，自立した個人にとって所有権は奪うことのできない固有な権利という『人権宣言』の主張に対応していないでしょうか。言い

property　n.（pl. -ties）

【1】

（1）財産，資産：

fixed property 固定資産

private [public, national] property 私有［公有，国有］財産

real [movable or personal] property 不動産［動産］

（2）集合的所有物，財：

Is this your property? これは君のものか

【2】不動産；地所，所有地，建物：

a property dealer 英・不動産屋

property on Main Street 大通りに面した地所

buy some property in Hawaii ハワイに地所を少し手に入れる

【3】所有；(…の）所有権：

literary property 著作権

have property in land 土地の所有権を持つ

【4】（個人・団体・社会などが）自由に利用［処分］できるもの：

The secret of the invention became common [or public] property.

その発明の秘密は誰もが知るところとなった

【5】（略）

【6】（一般に，物の）固有性，特性，属性；効能，効力

QUALITY【類語】（←“ファイルのプロパティ”を思い出しません－筆者）

【7】［論理］　固有性，属性という使い方！

（1）ある事物に固有な性質や特性

（2）（アリストテレス哲学で）種（species）に本質的ではないが必然的関連のある性質

[c1303. 中期英語 proprete 所有（物），属性（propre PROPER より）]

（『ランダムハウス英和辞典』第2版）

かえれば，モノを持つということは人が人であることを示す固有の性質の1つであると，解釈できるのです。

なお，英語の場合，13世紀までさかのぼれるpropertyより新しい16世紀以降の言葉のownershipも，所有権という意味でむしろ多く使われています。特にこの2つの言葉が同時に使われる場合は，propertyが財産，ownershipが所有に対応させられているようです。有名なアメリカ人経済学者T.ヴェブレンの*The Beginning of Ownership*（1898）には，The question concerns the derivation of the idea of ownership or property.「問題は所有権や財産という観念の由来にかかわっている。」という言い方があります（weblioより）。この論説はタイトルに示されるように，ヴェブレンによるprivate property（私有財産／私的所有）の起源についての見解が書かれています。

フランス語とドイツ語の場合

では，フランス語やドイツ語ではどうなのでしょうか。英語のprivate propertyについて対応するそれぞれの言葉を見てみましょう。

フランス語では，英語のprivate propertyもprivate ownershipもpropriété privéeです。ただし，フランス語のpropriétéはモノを持っているという意味とともに，具体的な対象としてまずは土地を意味することが多いことが例文からは示唆されます。抽象概念としての私的所有propriété privéeは具体的には私有地となります。ここで例文を挙げることはしませんが，もとになるpropriétéの意味をまとめると，「所有・土地・所有物・財産・地所・不動産・特性・属性・性質」などを主要な意味として挙げることができます。英語の場合も同様であったことを思い出してください。この中にある「属性」とは，もちろん，英語の辞書の7番目の意味です。これは同時に，皆さんにおなじみの“ファイルのプロパティ”という意味にも対応しています。

全く同様に，ドイツ語の場合もどの辞書を見ても Privateigentum が対応していて，私的所有（権）もしくは私有財産という意味が最初の方に示されています。フランス語の場合と同様にもとになる Eigentum の意味を列挙しておきますと，次のようになります。「所有・所有権・財産・資産・所有物・不動産・家産・家財・特性・属性」などです。ここで最後に挙げた「属性」は，ここでも英語の7番目の意味に対応しています。

言葉の形やアルファベット表記も含めて，多くのヨーロッパ語の語彙がラテン語を共通の語源とするために当然のこととはいえ，ヨーロッパ語相互の翻訳のいかに簡単かが推察されます。それに引き換え，全く違った言語体系と語彙を持つ日本語への翻訳の困難さがしのばれます。この点，経済や経済学はもちろん，法律や法学，あるいは哲学や倫理学の問題を考える際に，西欧生まれの言葉や概念の翻訳語を使っているのだということを忘れてはならないでしょう。原語の使われ方との違いも含めて，ひょっとして大きな誤解をしているのかもしれません。この問題は本書の最後にまとめて触れます。

所有・占有・先占の違い

ここで，所有とは何かの理解をより深めるために，関連する重要な言葉について言及しておきましょう。

それはまず，「占有」です。法律的には，対象となるものから生じる利益を自分のものにしたいという意思を持って，そのものを自分の支配下に置くこと，あるいはその状態とされています。問題は，では「所有」と何が違うのか，ということです。

簡単に説明すれば，現実に何かのものが自分の手元にあるということで，他人の所有物が，たとえば忘れたり何らかの原因で自分の部屋に置いてあるとすれば，それは所有はしていないが占有しているといえます。

英語でもフランス語でも possession で，ドイツ語では Besitz です。英語では，occupation という語も占有の意味になります。この章の課題からすれば，『ランダムハウス英和辞典』の次の例文が所有との関係を理解しやすいでしょうし，それらの言葉に

「Possession is nine points of the law.　ことわざ。占有は９分の勝ち目；借り物は自分のもの」

対する私たちの日常感覚にも合致していると思います。

つまり，占有している状態はほとんど法的にも所有していることに等しい，という感じです。

最もイメージしやすい土地について考えてみましょう。たとえば，何らかのやり方である土地を占有してその状態を維持し続ければ，そのうちにその土地の所有権を獲得できる，法認されるという流れです。

もう少し具体的に考えてみましょう。誰のものでもなく誰もいない十分に広い土地にあなたが入植したとします。そこである程度の広さの土地を自分専用に使おうとし始め，まずその土地を柵で囲います。アメリカの西部開拓時代に，開拓民が誰もいないものと見なして牧場を開く様子を，皆さんも西部劇という映画やテレビで見たことがあると思います。これを“他の誰よりも先に占有すること”という意味での先占と言います。

いくつかの表現の仕方があるようですが，「先占」はおおよそ

英語では prior occupation，ドイツ語では vorherige Besetzung，フランス語では occupation antérieure となります。これらは見られるように，ラテン語の occupati（占めること）から来ています。とにかく，先に場所，あるいはモノを独占することであって，その後のさまざまなプロセスを経て「占有」から最終的に誰も手を出すことのできない「所有」まで行くわけです。

もちろん，厳密にはローマ帝国の領土拡大の時代に考え出されたローマ時代の先占，19 世紀の植民地獲得競争時代に列強に都合の良いように“整備”された国際法上の先占（ベルリン会議：1884–85 年）などの話もありますが，ここでは触れません。そのかわり，これは自分のものだという一番最初の根拠について，ロックに立ち戻って検討してみましょう。

出発点としてのロック再び

実は，『フランス人権宣言』のような，人はモノを所有する権利を生まれながらにして持っているとは考えなかった有力な議論が，あのロックによって提出されていました。それが“自己労働にもとづく所有”という考え方です。人間は，自分が自然に行った活動から生み出したものに対して，その人間が権利と義務を持つというもので，「身体的所有論」ないし「自己所有権命題」とも呼ばれます。何かわからない超越的な力や権威によって人間社会の制度や枠組みを説明するのではなく，人々の現実の活動や生活の中から目の前にある制度などを説明しようというロック（John Locke: 1632–1704）の取り組みは，まさにイギリス経験論の典型のような姿勢ではないでしょうか。非常に有名な所有についての説明なので，少し長いですが以下に紹介します。

ロック

「たとえ地とすべての下級の被造物が万人の共有のものであっても，しかし人は誰でも自分自身の一身については所有権をもっている。これには彼以外の何人も,なんらの権利を有しないものである。彼の身体の労働，彼の手の動きは，まさしく彼のものであると言ってよい。そこで彼が自然が備えそこにそれを残しておいたその状態から取り出すものはなんでも，彼が自分の労働を混えたのであり，そうして彼自身のものである何物かをそれらに附加えたのであって，このようにしてそれは彼の所有となるのである。」(『市民政府論』(1689) 27節，岩波文庫訳)。

見られるように，自分の身体は自分のものであり，その身体を動かして自然に働きかけて生み出したものには自分の労働が混じっており，このことによってそれは自分の所有物となる，というものです。きわめてわかりやすい説明ではないでしょうか。これは現代の日常生活の中においても，“自分で働いて獲得したものは自分のものだ”という力強い確固とした信念，確信，あるいはイデオロギーに引き継がれてはいないでしょうか。

もちろん，これだけでは世の中はうまく回りません。他のものよりも才覚がある，強い，うまく立ち回る，あるいはずる賢い少数の者が，そうでない多数の人々よりも多くモノを持つ，所有するという事態が起こります。これが少数の富者に対する大多数の貧者の不平等感や妬み嫉みを生み出します。これは人間本性として当然の成り行きです。現代を見ても，社会的な軋轢や不協和音，不安定さの原因になります。しかし，アメリカ人は，特に共和党の支持者にはこのように考える人が多いと言われています。金持ちになる，金持ちであることはよく働いた結果で誇るべきであって，非難される筋合いはどこにもないというものです。皆さんはどう思いますか。

「ロックの但し書き」：ロックだって考えていた

所有の最初の根拠を示したロックは，同時に，誰もが，特に力の強いものが見境なく自然に働きかけて自分のモノだと独占することについて制限をかけようとしていました。『市民政府論』（1689）という著作の中でこの点について書かれたところを，これまでの研究者は「ロックの但し書き」と名づけて2ヵ所を挙げています（図Ⅰ—5—1）。土地や生ものを例に挙げて，

図Ⅰ—5—1　「ロックの但し書き」≒ 十分に広い

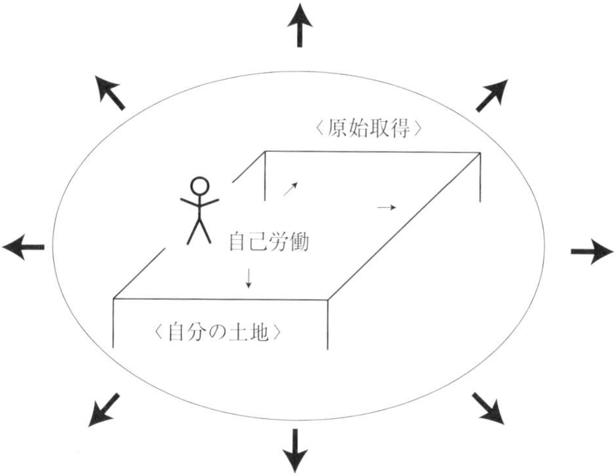

自分のモノにできるのはどこまでかと問うているのです。

---

a.「少なくとも，十分な広さと，同様の地味の土地が誰に対してもおなじように残されている」ときだけ。（『市民政府論』27節）

b.「腐らないうちに利用し，生活に役立て得る範囲ものについては，誰でも自分の労働によってそれを自分の所有とすることができる。しかし，この範囲を超える部分は，自分への分け前を越えていて他の人のものなのである。腐らせたり，壊したりするために何一つ神によって創られたものはない」（同31節）

このロックの「但し書き」が示しているのは，人は自分自身の労働の結果を自分の所有とすることができるが，それには制限があるということでしょう。生ものを自分が消費できる以上に貯め込んで腐らせてしまうことを否定的に紹介している例を見れば，極端な富者がいることは適切ではないと，ロックは主張していると読めます。現代世界の極端な所得分配の不平等を見るとき，極めて示唆的ではないでしょうか。

マルクスの批判的労働所有論：労働の成果を資本家が盗んでいる

皆さんが会社に勤めることを考えてみましょう。皆さんは会社と雇用契約を結んで，所定の仕事をしてその見返りに賃金をもらいます。一見，まったく普通に見えるこの関係に実は重大な「不正」が潜んでいると，マルクスは『資本論』（1867）で語ります。要点をまとめておきます。

マルクスは，近代の資本主義社会と商品経済を支えているのは賃金労働を行っている労働者と，その労働者を雇用している資本家との間に結ばれる資本—賃労働関係であると考えます。さらに特徴的なことは,労働者が労働する過程そのものの「労働」と，労働者の持っている能力を「労働力」として区別してとらえます。これをロックに立ち戻りながら考えると次のようになります。

人の身体とその能力は自分のものなので，労働者はそれを商品として資本家に売ることができます。ただし，ギリシア時代の奴隷と違って売り買いの対象となるのは，身体そのものではなく能力としての労働力の方です。次に，雇用契約という形式的には対等平等な契約関係の下で，資本家はその労働力を買って自分のものにします。そして，資本家は自分のものになった労働力を商品生産に使い，その結果出来上がった商品，つまり労働者の労働の結果出来上がった生産物の所有権は資本家の方が持つことになります。

マルクスはこの関係を，表面的には契約によって合意した賃金との等価交換として労働者から，労働力を購入した資本家が実質的には，労働力をその賃金分以上に機能させていると見なします。日々労働者が生きていくのに必要な労働部分以上の，マルクスの言う「剰余労働」部分が，雇用関係を隠れ蓑にして資本家によってその部分への対価が支払われることなく「搾取」されていると考えます。なぜなら対価の支払われない剰余労働部分によって生産された生産物も，本来は労働した労働者の所有となるはずのものだからです。明らかに，労働が混じることでその成果に対する所有権が確立するという，ロックの労働所有論の枠組みを踏まえていると言えます。

こうした理解が正しいとすれば，雇用関係は表面的には労働者と資本家との間の自由で対等平等な関係のように見えて，深部では搾取の続く実質的には不平等な関係と見なせます。経済外的強制という身分的・身体的支配そのものである奴隷制とは異なるものの，雇用という経済的強制による奴隷制に変わりがないという見解も出てくるわけです。皆さんはどう考えますか。

もちろん，こうした思想家たちが所有と労働の問題を考えていたころ，主として想定していたのは肉体労働でした。しかし現代では，すでに見たように，単純定型労働だけではなく多くの労働がAIによって代替されつつあり，消失して行くことが想定されています。こうした状況においては，ロックやマルクスに依拠した“労働と所有の同一性”に積極的な価値を見出そうといった発想自体の有効性が問われていると言えましょう。

ヒュームによる労働所有論批判

実は，ロックの労働所有論，ないし，身体的所有論には早くから強力な批判が存在しました。その基本的発想は，所有という社会的関係を，自然への人の働きかけとしての労働という自然的な関係では説明できないのではないか，というものです。ヒューム（David Hume: 1711–1776）は社会の道徳や制度は神によって与えられたものでも，自然権のように生まれながらに元々人は持っているようなものでもないと考えていました。逆に，社会を秩序付ける道徳や正義の意識も自然なものではなく「人為的」(artificial) なものととらえていました。では,所有とはどのように人為的に,つまり，人々の日常の営為の中から形成されるのでしょうか。

それは,「合意所有論」とも言うべき考え方です。主に主著『人間本性論』（1738–40）で示されたヒュームの議論をまとめると次のようになるでしょう。

- 自己保存を第一に考える利己的な人間が存在する。
- 他の動物に比べて極めて脆弱な人間は存続のための必要性と利益から他の人間との社会関係を作る。
- 一定の労力を投じて最初に土地を占有して適切に利用し，結果的にその人だけではなくそれ以外の人々の必要と利益が生み出される。
- 多くの人々が社会全体の利益に帰結するその過程を積極的に承認する「黙約」（convention）が成立する。
- 占有から社会の自生的な秩序として「所有」が成立する。

見られるように，ヒュームにとっては，私的所有という法的な制度は自分の身体は自分のものだという自然的な権利から生じるものではありません。そうではなく，その所有というシステムがもたらす自己と社会全体にとっての効用から，人々によっておのずから承認されて出来上がると見なされるのです。ヒュームは典型的に経験論者であり，功利主義者であることがよくわかります。

ただし，ここで注意しておくべきことがあります。それは，社会の構成員全体で統一的に「契約」を取り交わす形で所有が出来上がるとはヒュームは考えていないという点です。そんなものは歴史上どこにも存在しません。つまり，ヒュームは同じような視点から，ホッブス（Thomas Hobbes: 1588–1679）やルソー（Jean-Jacques Rousseau: 1712–1778）で有名な「社会契約説」も単なるフィクションとして一顧だにしません。

人間の利己性と所有・利益

利己的な個人を，経済を含めた人々の社会生活の出発点とするとらえ方は特に新しいものでもありません。むしろ古くから，人々の利己性こそがその問題性を指摘されながらも，社会生活の向上と社会発展には欠くことができないと見なされてきました。そうした視点から，私的所有を積極的にとらえる見方もヨーロッパ中世から存在しました。たとえば，トマス・アクィナスの『神学大全』（13C）には，人は土地を私有することによってその土地を有効に利用するようになり，結果として社会全体の利益になると主張しています。これはトマスによる有名な私的所有擁護論です。商人が適度の利益を受け取ることについても，同様の趣旨で容認しています。皆さんも，こうしたとらえ方に共鳴するのではないでしょうか。コルホーズという名の共同農場の失敗に象徴されるように，旧ソ連を中心とした現代社会主義の失敗もそのことを示しているのではないでしょうか。そう簡単に，最初から「公共」の名のもとに社会全体の利益が実現されるわけではないのです。ここのところよく言われる「公共性」なるものが社会の多くの人々の共通の理念になるとしたら，世界にはすぐにでも善人ばかりのユートピアが実現してしまうでしょう。

見て取るべきは，私的利益の追求こそが社会発展の原動力であり続けてきたということと，確かにそれだけでは富の極端な偏りが生み出され，社会全体が不安定になるということなのです。このことは，所有という私たちの社会の根底を形づくる制度を私たちがどうしたら適切に運用できるのかという，人類史とともにある古い問題が今も私たちに提起されているということと思います。

近代市民社会の原理の3本柱：それでも残る問題とルソー

この章の最後に，近代市民社会を構成する3本柱と言われている原則を掲げ，その中で改めて「所有」の位置づけが，「契約」とともにいかに枢要であるかを確認しておきたいと思います。

・法的人格の平等（理念としての平等）：私たちは誰もが形式的・法的に平等な市民
・所有権の確立（個々人の私的所有の保証）：出発点としての排他的財産
・契約の自由（契約社会の成立）：身分などの経済「外」的強制からの自由

見られるように，私的所有と契約とが現代社会の骨格を形作っているのがわかります。そして洋の東西を問わず，所有や不平等の問題を議論するときに必ずと言っていいほどに言及されるのがルソーです。ここで簡単に触れておきましょう。中世的な農本社会を理想と考えたルソーは，『人間不平等起源論』（1755）や『社会契約論』（1762）などで，本来あるべき自由，平等，平和といった自然の状態を壊すのが，文明の発達と私有財産／私的所有の発生だと言いました。実際の歴史はむしろルソーの希望した方向とは反対に向かって進んできたのではないでしょうか。この章の議論からすれば，それは当然のことと言えます。自己保存と利己心こそホッブズやヒュームが示唆するように最も深い人間本性そのものだからです。人間本性に根ざさない議論は，ルソーの極めて高級な規範性を要請するような「一般意志」も

含めて，空論と言うべきでしょう。マルクスは近代資本主義社会を総括的に表現するとき，「自由・平等・所有・そしてベンサム」と言いました。ベンサムはもちろん功利主義を意味しています。近代社会の本質をきわめてよくとらえた表現ではないでしょうか。

超越的な発想を拒絶し，生身の人間から出発するイギリス経験論の流れの中にいる思想家たちが，ルソーの一般意志を拒絶するのは当然のことです。また，18 世紀の商業社会の展開を眼の前にしたヒュームやスミスが，経済学という新しい科学に向かったのも，また当然のことと言えます。

もちろん，現代社会がうまくいっているとは言えません。しかし，何が問題かははっきりしています。「権利」の章で示した，「健康で文化的な最低限度の生活」があまねく実現しているのかがそれです。実現していません。序論で示した所得や資産の極端な格差の存在がその背景にあるのは言うまでもありません。具体的な対策には，社会福祉，最低賃金，ベーシック・インカムなどがありますが，これらはすべて，基本的に富者から貧者への所得移転を伴うものです。こうした政策を複合することによって仮に問題を解決できるとして，では，それがどうすれば正当なものであると根拠づけられ，社会の構成員の同意を得ることができ，同時に意味ある有効な政策を作ることができるのかが問われることになります。はたして，現代の経済学はどこまでそれにこたえることができるのでしょうか。

第6章　幸　福

経済学で幸福について考えようとすると，すぐに倫理学者や哲学者，あるいは知識人と呼ばれる人たちが，“モノやカネで幸福は買えない”と言って，利得や金銭といった経済学の用語や概念と幸福とを結びつけるアプローチを最初から低俗だと見下します。そして，人の幸福にとって大切なのは精神的な価値だと言います。確かに，一見もっともらしく聞こえますが，本当にそんな簡単な話なのでしょうか。この章では，人々の生活にとって，そして，幸福を考える時も，自己実現や人格の陶冶などの高尚な話の前に，やはりモノやカネが基本だという，いわば当たり前のことを主張しようと思います。本来，経済学で言われてきた幸福とは，その人の知性や教養の高低に関わりのない，誰にでもわかりやすい話だったのではないでしょうか。

その一方で，これまで社会心理学で調査・検討されてきた，人々の主観的な幸福感の度合いや生活の満足度の大小についての調査や大きな統計データの蓄積と整備を，経済学と結びつける「幸福の経済学」の試みも近年興隆しています。

こうしたことを考えるにあたって，ここでもまずは，幸福という言葉それ自体に戻るところから始めましょう。

幸福とは

「エウダイモニア」（eudemonia）精神的な幸福：プラトンとアリストテレス　モノやカネではなく，幸福の精神的側面を強調する人々が，ほぼ例外なく言及するのがアリストテレスのエウダイモニアという概念です（図Ⅰ―6―

図Ⅰ—6—1　エウダイモニア

1)。英和辞典で見てみましょう。

確かに，アリストテレスは通俗的な幸福とは異なる，いわば哲学者の観想的な“善く生きる”生活，つまり，魂のうちの理性的な部分の活動が求めるモノを最高の幸福と考え，それをエウダイモニアと名づけたのに間違いありません。しかし，幸福論を語る多くの人々が触れないアリストテレスの主張があります。それは師のプラトンとの大きな違いです。

プラトンは人間の魂を以下の3つに区分しました。①理知的部分：学び知ることを愛し求める部分，②欲望的部分：金銭や利得を愛し求める部分で避けるべき側面，③気概の部分：勝利

eu-de-mo-ni-a　[jùwdimóuniə]　n.
【1】幸福，幸せ。
【2】〔アリストテレス哲学〕エウダイモニア：理性が支配する積極的な生活の結果としての幸福（また èu·dae·mó·ni·a）〈ギリシャ語 *eudaimonía* 幸福〉
（『ランダムハウス英和大辞典』第2版）

や名誉を愛し求める部分で魂を②に抗して①に向かわせるもの。ここで特徴的なのは，プラトンは②に代表される普通の人々の日常を避けるべきものとして軽視・蔑視している点です。

では，アリストテレスではどうなのでしょうか。プラトン同様に，哲学者のように善く生き善く行為することは最高善であって，それが実現することがエウダイモニアとしての幸福です。しかし，同時にアリストテレスは，哲学者ではない普通の人々の生活や感覚に即したものの性質や感情を，プラトンのように蔑視したり否定したりせず，逆に，最高善には至らないけれども“善きこと”と見なしています。それは，①有用さ，②快楽です。特に，快楽については低俗だがこれも善であると見なし，行き過ぎでも不足でもない中間・中庸が“善き状態”であると言います。これは，エウダイモニアを強調する倫理学者や哲学者は言及しませんが，現代に生きる私たちの普通の感性でも納得できるリアリティのある議論ではないでしょうか。アリストテレスは『ニコマコス倫理学』の中で，幸福とは人がこの世で追求するものだと言っています。眼に見えない高邁な理念や観念を重視するプラトンとは大きく違う所です。その意味では，現代においてエウダイモニアを人が目指すべき究極の幸福と考える立場は，アリストテレスというより実はプラトン主義と言うべきなのです。

以上を踏まえて幸福を意味するもう1つの言葉について辞書で見てみましょう。

ハピネス（happiness）物質的な幸福：ベンサムとミル　わが国の学問は輸入学問ですので，やはりここでも翻訳された日本語の言葉や概念に対応するヨーロッパ語の言葉の意味を確認しておく必要があります。

hap-pi-ness ［hǽpinis］ n.
【1】幸福，幸せ，うれしさ：
〈類語〉
happiness は幸福の一般的な語。
bliss 天上にいるような純粋で完全な幸福，最高の喜び，歓喜：
contentment それ以上を望まない心安らかな自足の状態：
contentment in one's surroundings 自分の境遇に対する満足。
felicity 形式張った語で，最高の幸福・喜び：
【2】
（1）幸運；喜び；満足；喜び［満足］を与えるもの：
（2）〔哲学〕=eudemonia 2.
【3】（表現などの）巧妙さ，適切さ。
（『ランダムハウス英和大辞典』第2版）

上の紹介でわかるように，日常的な使われ方で一般的な意味で幸福を意味する言葉がハピネス happiness です。そして，【2】の（1）に「喜び［満足］を与えるモノ」とあるように，ハピネスとしての幸福には人々に満足感や快感を与える地位や評判，そして現実の事物が含まれているのです。経済的にはもちろんモノ（財貨）やおカネのことです。これは，対応するフランス語 bonheur（幸運・恵まれた状況）やドイツ語 Glück（幸運・成功・快適）でもほぼ同じです。つまり，幸福（ハピネス）とはもともとイデア的観念ではなく“この世的・世俗的・通俗的”なモノを主として指しているのです。

ですから，功利主義者 J. ベンサムが「最大多数の最大幸福」（the greatest happiness of the greatest number）やその修正版の「最大幸福原理」（the greatest happiness principle）を主張した時に，多くの教養ある知識人や倫理学者，それに宗教家たちは当然にもそれに眉を顰（ひそ）めることになります。ベンサムが個々人の快楽と苦痛を測ることで人々の幸福度を量で示そうと幸福計算を企てたことを知った時も，そうした人々の視線はもちろん冷ややかなものでした。ベンサムの後を継ぐ J. S ミル（John Stuart Mill: 1773–1836）はこうした不評さを何とか押し返そうとしました。この点をもう少し考えてみましょう。

ベンサムの功利主義と幸福と経済学

ここで，古典的功利主義と呼ばれるベンサムの考え方について簡単に触れておきましょう。ベンサムは自分の提唱する utility 功利（アリストテレスの有用さ；経済学では効用）の原理について次のように説明しています。

「私たちが何をしなければならないかということを指示したり，何をするであろうかを決定するのは，ただ苦痛と快楽だけである。」

「こうした原理を疑おうとするさまざまな思想体系は，意味のかわりに絵空事を，理性のかわりに気まぐれを，光明のかわりに暗黒をもてあそんでいるのである。」

これは，ベンサムの主著『道徳および立法の諸原理序説』(1776)の最初の方に出てくる表明で，これまでの考え方への１つの挑戦といえます。ここで功利とは，快楽，利益，善，それに幸福まで個々人にとってプラスになるようなものすべてを含んでいます。ベンサムに特徴的なのは，何らかの工夫をすることによってこれらを客観的な量として計算，特定できるはずと考えたことです。その上で，ある１つの社会に属している人々の功利を計算し足し合わせてその総計を最大化することを政策的な目的とすることで，その社会の最大幸福を実現することができるとしました。これを功利主義（utilitarianism）と言います。ベンサムはこのような計算にもとづく幸福追求を道徳的にも“善”だと考えました。この点については，同時代から現代にいたるまで哲学者，倫理学者，それに宗教家から多くの批判があることは，皆さんにも簡単に想像がつくと思います。しかし，ここではそれについては論じません。

皆さんに押さえておいてもらいたい点だけをここでは言っておきたいと思います。それは功利主義と経済学との関係です。ある社会科学方法論の本に次のような記述があります。現代の正統的な経済学である新古典派経済学は「スミスの社会哲学とジェレミー・ベンサムの道徳と精神哲学［功利主義］とをリカードゥの抽象的で理論的な方法で結び付けたものである」というものです（H. Katouzian, *Ideology and Method in Economics*, 1980）。つまり，功利主義は経済学と不可分なのです。

J. S. ミルの折衷：功利／効用の量と質

ベンサムの死後，1800年代の半ばまでには功利主義という言葉は知識人には普通に知られるようになりました。ベンサム主義者と呼ばれる人々が，法律の整備，1830年代の有名な救貧法の改正や監獄の近代化，貨幣制度の改革など多くの社会改良の推進者として活躍したからです。しかし，その評判は決して良いものではありませんでした。彼らの提言の底流には，理念よりも費用など数値化されたものをもとに効率が優先される思想があったためです。『ハード・タイムズ』（1854）などいくつかのディケンズの著作は文学史家によれば「ベンサム主義的な功利主義を批判することを意図していた」と言われています。「クリスマス・キャロル」の守銭奴・スクルージさんは功利主義的人間，つまり，打算的で計算高い人物像の典型として描かれています。

そうした中で，ミルは1861年に『功利主義論』を出版し，評判がよくないのを承知であえて功利主義を擁護します。すでに示したように，ベンサムは快楽とまとめられる人にとっての効用は苦痛も同様にすべて量的に計測できて計算可能と考えていました。ミルはそれに対し，快楽や苦痛は質的に差があって1つの尺度で量には還元できないと主張しました。

確かに，ある2人がのどが渇いたときに同じビールを同じ量だけ飲んだとき，間違いなく快感自体は共通のものかもしれないが，その効用の程度が同じかどうかはわからないでしょう。また，同じ一人の人間がステーキを食べた時の満足（物的快楽）とモーツァルトの音楽を聴いたときの幸福感（精神的快楽）を同じ快楽とみなせるかを考えると，ミルの主張ももっともだと言いたくなります。これは，「満足な豚であるより，不満足な人間である方が良い。同じく，満足な愚者であるより，不満足なソクラテスである方が良い。」と言ったミルの言葉によく示されています。日本では，50年ほど前にある高名な学者がミルの言葉の意図を要約して「太った豚より痩せたソクラテスになれ」と言ったことが有名になりました。

結局ミルは，ほかに功利主義自体を擁護する方法が見当たらなかったせいもあり，幸福計算自体を放棄することはありませんでした。その一方で，人のあるべき精神的な快楽を，利己心を抑え他人からしてもらいたいと思うような行為をする中に見出すようにと主張しました。これは，実質的に『新約聖書』マタイ福音書のイエスの黄金律と同じであって，宗教的・超越的・直感的な規範意識を排除したところから出発した古典的功利主義の自己破産と言われても仕方のない方法的矛盾と言えるでしょう。もっとも，多くの場合，矛盾的な折衷をそのまま抱え込むことが多かったミルにとっては珍しくないことではありました。

次に進む前に，功利主義の3つの要件についてまとめておきましょう。

① 快楽主義：個人の主観的効用／快楽から出発する。
② 帰結主義：行為やシステムはそれらがもたらす結果で善し悪しを判断される。
③ 数量化：社会の構成員たちの快楽／効用が計測され，それらが加算された総和で良し悪しが判断される。

効用の可測性と「厚生経済学」

古典的功利主義では，異なる個人の間で効用を比較したりそれぞれの効用を足し合わせることができると考えました。この時の効用を経済学では基数的効用といいます。また，その上で，限界効用逓減の法則が前提されます。これらによって，社会におけるすべての人々の効用の総計の最大化をもたらすための所得再分配の方法が提言されます。これは第I部第4章で改正救貧法の解説の中で言及したことです。貧者の1ポンドと富者の1ポンドの貨幣の限界（追加的）効用は，貧者の方が大きく，富者は小さい。わかりやすく言えば，年所得1億円の人の1万円の限界効用より年所得100万円の人の1万円の限界効用の方がはるかに大きそうだ，というものです。何らかの所得分配政策を行って富者の1万円を貧者に移転させれば，社会全体の効用は移転前より大きくなると，考えます。いかがでしょうか。

普通はこのあたりでA. C. ピグー（Arthur Cecil Pigou: 1877–1959）の「厚生経済学」（Welfare Economics）の話が出てきます。でも，厚生経済学って何のことでしょうか。専門家には自明でしょうが普通の人にはわかりませんよね。それに，welfareとはどういう意味でなぜそれを「厚生」と訳したのでしょうか。やはり言葉の問題を避けて通れません。

wel-fare［wélfɛ̀ər］ n.

【1】（人・集団・組織の）幸福，健康，安寧，繁栄，福利，福祉。（well-being）：

the physical or moral welfare of society 社会の物質的または精神的繁栄。

Ministry of Health Labor and Welfare（日本の）厚生労働省。

【2】=welfare work.

【3】社会福祉，生活保護。

【4】the welfare 主に英話（働けない人々のための）政府の福祉［厚生］機関。

見られるように，ウェルフェアとはエウダイモニアのような抽象的な内容の概念ではなく，“人や社会の具体的な良い状態”を意味しているのがわかります。代表的な現代英英辞典のCOBUILDでは，welfareの同意語としてhealth，comfort，そしてhappinessをあげています。ここで，comfortとは苦痛・苦悩・不幸などの慰安や慰めという意味です。また，幸福の意味でしばしば使われるwell-beingは，health and happinessと言いかえられています。つまり，welfareとは幸福を実現させる，あるいは幸福な状態を支える現実的な施策まで含んだ用語として使われているということがわかります。

ベンサムに戻れば，快楽（pleasure）の増大は功利／効用／ウェルフェアの増大です。ピグーでは，心理的な満足感の増大がウェルフェアの増大であると見なしました。ピグーは，先に示した効用が測れて比較ができることと限界効用の逓減を前提としたうえで，富者から貧者へ所得移転をすれば，若干の条件のもとに，社会全体のウェルフェアが増大すると考えました（『厚生経済学』1920）。基本は1世紀前のベンサムと同じと言ってよいでしょうし，具体的で一度聞いてちょっと考えれば誰でもすぐに理解できそうです。厚生経済学とは，おおよそ“幸福についての経済学”と考えればよいでしょう。しかし，話はこれでは終わりませんでした。

個人の効用の度合いは測れないし比較できない：「新厚生経済学」へ

第4章などでもふれましたが，L. ロビンズ（Lionel Charles Robbins: 1898–1984）という人が『経済学の本質と意義』（1932）という本を出して，ピグーを批判します。満足度といった人の内心の状態，すなわち，個々人の効用は客観的に測定できないし，したがって個人間の効用の比較はできないとロビンズは言います。そして，ピグーの言う効用は実体の伴った概念ではないという立場から，ピグーの所得移転という政策的提案は科学的ではないと断罪します。

このあと経済学の歴史では，ピグーの実体的な数値として比較可能なベンサム的な効用概念（基数的効用）は打ち破られ，数値として示すことはできないが順序付けは可能であると見なす新たな効用概念（序数的効用）に基づく厚生経済学の理論の再構成と精緻化が進みました。これは「新厚生経済学」と呼ばれます。ここでは内容を説明しませんが，「パレート効率性」とか「無羨望性」とか「マキシミン原理」などがそのキー概念で，ミクロ経済学を学習した人にはわかるはず。あとは，J. ヒックス，N. カルドア，P. サミュエルソンそれに A. センなどの名前を覚えておけばよいでしょう。

しかし，ではそれでうまく行っているかというと必ずしもそうとは言えません。現在証明されたとされる厚生経済学の２つの定理，すなわち「第１定理：すべての競争均衡はパレート最適である。第２定理：全てのパレート最適な点は財の適当なプラスの再配分を行うことで競争均衡として実現しうる。」の論理的一貫性と現実性に問題が残っているのです。それについて触れておきましょう。

第一定理は，その社会に属するある人の効用（幸福度）を他の人の効用（幸福度）を低めることなしに大きくすることが出来ない点（パレート最適点）が無数に存在しうることを示していますが，この場合，各人の平等性については定理を記述するための論理的要請からまったく考慮されないのです。その社会の富が１：99 の割合で配分される均衡点があってもかまわないのです。平等について全く言及していません。

第二定理は，何らかの価値基準で望ましいパレート最適な点は適当な所得再配分を行えば競争均衡として実現できるということを示しています。しかし，K. アロー（Kenneth Joseph Arrow: 1921–1917）という人が示した一般（不）可能性定理により，序数的効用にもとづいている限り，合理的で民主主義的な選択（選挙などの投票行為）によっては一定の要件を満足すべき社会的な選択には到達できないことが示されました。

単純化して言えば，民主制度では誰もが納得・承認できる合理的な社会的決定は不可能ということになります。つまり，多くの学者たちが長い間にわたって目指してきた「幸福の経済学」の確立と論理的・数学的精緻化の努力は，皮肉なことにかなり落胆するような，あるいは誰もが少し考えればわかるような“世間知”をこえないようなものになっているのです。

では，経済思想史，あるいは社会思想史の見地からすると，アローの経済学への貢献は何だったのでしょうか。それは，現在の主流派経済学のアプローチの範囲では，社会的に承認された何らかの共通な望ましい規範や道徳のようなもの，たとえばトマスの「共通善」，ルソーの「一般意志」というようなものは論理的には取り込むことができないということを示しているのだと考えるべきでしょう。いわばヒュームやスミスが，経済学成立期の18世紀に目指したことの再確認をしたようなものです。経済学はやはり結局はモノやおカネが問題なのです。

では，近年興隆している「幸福の経済学」は何をやっているのでしょうか。そのことについて次に触れておきましょう。

幸福の経済学とは

人が幸福か幸福でないか，どの程度幸福と考えているかは，当然にもまずは各人の心の内面の問題です。ですからこの問題は，ながらく心理学の研究課題でした。それも，それほどサイズの大きくない集団に対するクエスチョネア（アンケート用紙）による個別調査の範囲のものでした。しかし，20 世紀後半以降，コンピューターの利用技術の発展，PC の普及，それに伴う収集データの巨大化と対応する統計処理技術の洗練化などにより，幸福についての研究が実証科学としての様相を呈するようになったと言われています。ここに，経済学が介入する契機が熟したわけです。

2000 年の『幸福研究論集』（*Journal of Happiness Studies*）という幸福についての学際的な研究誌の創刊は1つのエポックであったと言われています。経済学も当然その一翼を担っているようです。幸福研究の大きな方法的特色は，あくまでも「あなたは幸福ですか？」と問われた被質問者の主観的判断を出発点にしていることです。こう問われたときに皆さんは何を考えるでしょうか。あるいは，問われた人が何を考えると推測しますか？　要するに幸福の度合いを測る要素は何だろうか，ということに帰着します。

おそらく，幸福研究の学者と皆さんとの間で考えることに大きな違いはないと思います。要素はけっこうたくさんあると思います。経済の話ですからまずは所得（月収・年収とその格差），それに資産，生活水準，年齢，家族構成，健康状態，仕事，社会的地位，文化や歴史があるでしょう。それに，近代以降の社会で重要な個人の自由度（表現や集会の自由，政府の健全度など），政治システムの在り方などが考えられます。すぐにわかるように，収入，年齢や性別などの客観的データと，それ以外の主観的データがあると区分できる一方で，確かに，モノとおカネ，あるいはそれに直結する功利主義的ハピネスに対応する要素と，善き生活というエウダイモニアに対応する部分があるといえるでしょう。クエスチョネアへの回答者はこれらを何とか頭の中で総合して自分が幸福か否か，どの程度幸福かを答えるわけです。

もう少し具体的な例を見てみましょう

幸福度調査のケーススタディ：2016年版『世界幸福度レポート』など

まず，2016年版の『世界幸福度レポート』（https://rocketnews24.com/2016/09/21/802324/）というのを見てみましょう。

これは，GDPや健康寿命などを評価して，各国の幸せを測る国連の「持続可能な開発ソリューション・ネットワーク（Sustainable Development Solutions Network，以下SDSN）」が2013年から2015年にかけて世界157国を対象に行われたものです。ここで，主要には国民1人あたりのGDP，健康寿命，社会的支援，自由度，社会的な寛容さ，汚職に対するクリーン度，暴力，病気などを評価基準としています。

それに加えて，以下の毎年各国1000名ほどの人々に主観的幸福感を判定する質問「キャントリルの階梯（はしご）」にも答えてもらい，その回答を平均化したものもこのSDSNランキングに反映されているとのことです。

質問：「ハシゴを想像してみてください。ハシゴの各段には数字が振ってあり，ハシゴを上るにつれて数字は大きくなっていきます。最下段は“0”で，最上段は“10”です。最上段はあなたにとって

“最高の人生”で，最下段は“最低の人生”です。今現在，あなたはハシゴの何段目に立っていると思いますか？」

この結果の主要な部分は以下の通りです。

1：デンマーク（7.526），2：スイス（7.509），3：アイスランド（7.501），…，13：アメリカ（7.104），…，33：タイ（6.474），…，35：台湾（6.379），**53：日本（5.921）**，…，58：大韓民国（5.835），70：パラグアイ（5.538），…，83：中国（5.245），…，108：パレスチナ自治区（4.754）157：ブルンジ（2.905）

（参照元：World Happiness Report 2016，World Happiness Report 2016 PDF，indy100，Business Insider）

皆さんはこれを見てどう思いますか。日本がこんなに低いのはなぜだろうかなど，考えてみてください。

アメリカと日本について年収と幸福度との関係の調査があります。結果だけ言えば，アメリカでは年収7.5万ドルを越えると幸福度は頭打ちになるそうです（カナダ，ブリティッシュ・コロンビア大学心理学部 エリザベス・ダン博士）。日本では，1981年以降の国民の幸福度（生活満足度）と1人あたり実質GDPとの関係を見ると，GDPは伸びているが幸福度は1985年前後から伸び悩んでいて経済成長しても人々の幸福感は向上していないそうです（慶応義塾大学大学院システムデザイン・マネジメント研究科 前野隆司教授）。また，内閣府の「人々の幸福と所得について」という調査によると，4人家族が幸せと感じるようになる年収は600万円だそうです。

なるほど，と思う皆さんが多いと思います。しかし，これらが

“大発見” でしょうか。どうも結論がまだまだ “世間知” を越えているとは言い難いのではないでしょうか。また，経済学や経済理論が結論を導く重要な役割を果たしているでしょうか？

最後にこの点を考えてみましょう。

結論：経済学で幸福を扱えるか？

世界的に所得格差が拡大し，そのことが大きな社会的騒乱を引き起こしたり戦争の原因になっていると言われています。また，先進国でのナショナリズムやポピュリズムの高揚にもつながっていると言われています。おそらく正しいでしょう。所得や富の偏在，生活水準の向上や福祉政策の充実などは確かに経済問題です。したがって，経済学はそれに対して何らかの処方箋を出すことを期待されているはずです。そして，現実の最大の問題は，ある程度満ち足りているはずの先進国内での所得格差の拡大とともに，世界の多くの人々が “手から口への生活” という，飢餓水準にあることでしょう。モノやおカネをどのように適切に配分して，この状態からそうした人々の生活の満足度／幸福度を向上させていくのかということが次に問われるわけです。物的な幸福とは違う幸福感を持っていると言われていたブータン王国の場合も，いったん便利で物的に裕福な外の世界を国民が知れば，やはりその方向に人々は向かっているとのことです。それが人間の本性（ヒューマン・ネイチャー）です。

こうした状況に対し，L. ロビンズ以降，科学としての経済学の名のもとに精緻な数学的体系を作り上げてきたこれまでの正統的な新古典派経済学は，何を提示できるのでしょうか。そうした体系の前提となっている序数的効用などの抽象的条件を固守する限り，限定合理性というような対応では対処できるとは思えません。限定合理性を越えて価値判断を伴うルソーの一般意志のようなものを導入したくなるような傾向も見えます。実験経済学，行動経済学の展開を契機としてゲーム理論を媒介にメカニズム・デザインによって何か有意味な方策を提示しようという努力は見えますが，現実的に意味のある段階にはまだまだ大きな距離がある，星雲状態と思います。

というより，そうした方向は方法論的には新古典派経済学の自己否定につながるのではないでしょうか。もし，何らかの現実的で意味のある提言を生み出そうとしたら，それは限界革命以降の経済学の展開の歴史，特に到達点としての“科学としての”ミクロ経済学を打ち捨ててデータ解析を中心とした極めて工学的な方向にならざるを得ないように見えます。また，心理学や脳科学との連携がその1つの方向としたら，ベンサムが100年以上前に快楽（効用）を客観的に測定しようとしたことに再度挑戦することになると思います。

第7章　グローバリゼーション

皆さんは，G7やG20のサミットが世界各地で開かれるときに，しばしば“反グローバリゼーション”の抗議行動やデモを報道で見聞きすることがあると思います。アジアの東の外れにあるこの国では，他の国々で起きているさまざまな大きな社会変化から取り残されているのと同じように，1990年代以降幅広く見られるようになったグローバリゼーションの展開への強い批判の声はほとんど見ることができません。そうした行動はいったい何に抗議し何に反対しているのでしょうか。また，そもそもグローバリゼーションとは何なのでしょうか。この章ではこれらについて考えていきたいと思います。

言葉の意味　例によって言葉の確認から行きましょう。英語のglobeの一番目の意味からです。

globe［glóub］ n.
【1】通例 the globe 主に文語。地球。EARTH
the terrestrial globe　地球
all over the globe　世界中に
circumnavigate the globe 船で世界を一周する。
しばしば The Boston Globe のように新聞名に用いる。
【類語】
earth　特に天国や地獄と対照的に，人間や動植物が生息し得る場としての大地，地上。
globe　かつては，単に地球の「丸さ」を強調する語であったが，

	今ではworldと同義で用いることが多い。
world	特に地上の住民，その活動・利害関係・関心事などを考慮した場合に用いる。この意味ではglobeとworldは共にearthよりも包括的で，より抽象的。
	『ランダムハウス英和辞典』(第2版)

つまり，globalizationとは，glob + aliza + tionで，直訳すれば"全地球・化する・こと"という意味になります。これを踏まえて，経済辞典では,「ヒト，モノ，カネ，そして情報の国境を越えた移動が地球的規模で盛んになり，政治的，経済的，あるいは文化的な境界線，障壁がボーダーレス化することによって，社会の同質化と多様化が同時に進行すること。」(『有斐閣経済事典』第4版）と説明しています。

日本語ではほぼカタカナのまま使われますが，訳語の例に,「地球一体化」，とか「地球規模化」というのがあります。中国語では「環球化」,「全球化」としているようです。『環球時報』Global Timesという中国紙を見たことありませんか。

要するに，経済のネットワークが世界を覆っているというイメージをつかむことが大事です。次の問題はその中身です。最初に，グローバリゼーションの歴史を見てみましょう。

商人が出発点だ：アリストテレスの洞察

人類史を見れば，人は初期段階では農耕・狩猟・漁労をベースに小さな共同体を作って自給自足的に生活していたとされています。次の段階になると，それぞれの共同体相互間での人の交流やモノの交易が始まります。交易が進むと，共同体と共同体の間を便利につなぐ役割を専門的に担う商人が登場します。この商人の登場が人間社会のあり方や考え方を大きく変化させることになります。アリストテレスは，紀元前４世紀のギリシアのポリス社会について考察した『政治学』で，この点について以下のように言っています。すでに何度か触れましたが，重要なので要点を再度述べておきます。

まず，自給自足の自然的共同体であるポリスを人が“善く生きる”ための場であると言います。観念的なプラトンと違って現実をよく見るアリストテレスは，このポリスの“善き自然”のあり方を維持するためには，他のポリスなどとの“自然に反しない”程度の交易，つまり「交換術」（メタヴレティケー）が必要であると考えます。これはポリス共同体の“善き自然”を保つための“やりくり”である家政術（オイコノミケー；エコノミーの語源）の範囲内での，いわば許される商取引であると言うことです。

ところが，商人が共同体間の交易を専門的に担うようになると，家政術を越える“自然に反する”「取財術」（クレマチスチケー）を駆使する小売業が生業（なりわい）として成立します。アリストテレスは，商人の活動，小売業自体は「道理にかなっている」とその必然性・必要性を承認するとともに，その際に貨幣を必ず使用することになるという現実も確認しています。そして，その結果，財貨をあつかう商人というのはいつも「どこからどうやって最大の利益を上げられるのかだけを見つけ出そうとする」ように変わってしまうのだと言います。そのとき彼らは，ポリスを“善く生きる”場とすることには無頓着で，ただただ「貨幣を無限に増やそうとする」ようになると見なします。アリストテレスは，商人たちの目的は「間違った種類の富であり，財の獲得である」と言います。ここには，こうした行為は結果的に自然に即した“善く生きる”場としてのポリス共同体を掘り崩してしまうのではないかという，アリストテレスの危惧が示されていると言えます。

マルクスは，資本主義社会における資本家とはどういう存在かということを『資本論』(1867) の中で初めて示す際に，アリストテレスの『政治学』のこの部分を参照しています。そのうえで，資本家たちの持っている「この絶対的な致富衝動は，この熱情的な価値追求は，資本家にも貨幣蓄蔵者にも共通である」と宣言します。古代ギリシアの商人と同様に，現代の資本家の目的も“善き生活”ではなく“とにかくもうけること”であるというわけです。皆さんも納得できる洞察とは思いませんか。

第6章の「幸福論」での議論で言えば，“善く生きていること，善くやっていること”というエウダイモニアとしての幸福を商業が壊すということです。その一方で，モノの有用性も幸福の要件に含めるアリストテレスは，物的・経済的充足を内実とする欲求の実現としての幸福追求を媒介する商業も必然・必要であると見なします。さて，どうすればいいのでしょうか。

以上をまとめれば，商業の展開は必要であり必然であるということと，交易を媒介する貨幣の登場以降の商人の目的は必要な資材を供給し生活の質を高めるという本来の目的から顚倒（てんとう）して，媒介物に過ぎなかったはずの貨幣を増やすことを第一の目的とするようになる，ということになります。現代世界において，グローバリゼーションの展開の現状と，これを推し進めている原動力は何かを考えるとき，2300年以上前のアリストテレスのこの指摘は，商業の展開と貨幣の追求についての素晴らしい先駆的洞察と言えるのではないでしょうか。

次は，現代につながるグローバリゼーションの歴史を概観してみましょう。

大航海時代からグローバリゼーションは始まる

経済が世界を覆(おお)うという広い視点から歴史を見ると，秦・漢帝国とローマ帝国の間の“シルクロード”に代表される古代の東西交易，あるいは近代以前のヨーロッパとアジア，つまりユーラシア大陸全域で行われていた陸路と海路の双方による国際的な交易もグローバリゼーションと言えるかもしれません。

しかし，現代世界で展開しているグローバリゼーションの主要なプレーヤーが西欧先進諸国であることを考えれば，その直接の起源は15世紀前半からの主にスペインとポルトガルによるアフリカ大陸，南北アメリカ大陸そしてアジアへの大規模な航海の開始から始まる，いわゆる「大航海時代」に求められるでしょう。たとえば，アメリカを“新大陸”と呼ぶように，この時代はヨーロッパ人にとっては「新発見の時代」(The Age of Discovery) ととらえられました。そこで新たに「発見」したとされる地域では，「第5章　所有」の章で示したように，そこの土地はすべて所有者のいない“無主地”であって，そこにある資源ばかりでなく人間までもが彼らにとっては自由に“処理”できる対象とされました。その結果，スペインとポルトガルを中核として膨大な一次産品や地下資源の略奪，現地住民からの一方的な搾取が行われ，しかもそれらは極めて非人道的で徹底したものでした。この“発見”と略奪と搾取の大航海時代は17世紀半ばまで続きました。

特に忘れてはならないのが，その過程の16世紀から18世紀に，スペイン，ポルトガルに加えて後発のオランダ，イギリス，フランス，デンマーク，スウェーデンの各国，それに北アメリカに入植した西ヨーロッパ系白人による植民地経営の一環として進められた大西洋奴隷貿易です。3 世紀の間に 1500 万人前後がアフリカから駆り出されたと言われています。これは，今なお歴史上の汚点として残るとともに，アメリカ合衆国や南アフリカで 20 世紀後半まで行われていた人種差別政策までその影響は続きました。さらに，現代アメリカや西ヨーロッパで見られるヘイト・クライムや移民排斥などの排外主義の動きなどに見られるように，現代の政治・経済・文化にも今なお大きな影を落としています。

グローバリゼーションは，その初発から植民地主義の色彩を強く帯びていたと言えます。

商業革命と価格革命

もう 1 つ忘れてはならないのは，大航海時代のグローバリゼーションによって 16 世紀に起きたヨーロッパ経済の大きな構造変化です。それまでの地中海・北海・バルト海を中心としたイタリア商人による交易が衰退しました。その代わりに，スペインによる実は中米地域のことである西インド貿易（ヨーロッパ産毛織物などと新大陸産銀との交換）と，ポルトガルを中心とする東インド貿易（中国産絹，東南アジア産香料，日本産銀・銅などとの交易）が重点化したのです。同時に，イベリア半島から大量にヨーロッパに流入した銀は，中世以来のフッガー家の覇権のもとであった南ドイツ銀山を壊滅させました。これらをまとめて「**商業革命**」と言います。

さて，この商業革命の過程で大量に流入した新大陸産銀は，現地住民を奴隷的に雇用することにより，それまでのドイツ産銀よりもはるかに安価な費用で採掘・精錬されたものでした。この流入により，16世紀から17世紀にかけて，銀価格の大幅な下落と物価の騰貴が全ヨーロッパ的にもたらされるという，いわゆる**「価格革命」**が起こりました。当座の必要を越えた大きな需要を前提とする商品生産としての毛織物工業で優位にあったオランダとイギリスが，物価騰貴の恩恵を受けつつこの時代以降の世界商業の主役となっていきます。こうしたグローバリゼーションの展開の中で，ヨーロッパ毛織物工業はいわば資本蓄積の最初の主役となり，18世紀以降のイギリス木綿工業の展開と，それを基本とした近代資本主義に向かう発展の基礎となったわけです。

なかでもイギリスはこの2つの革命の中で，18世紀以降，強制的に拉致・拘束した黒人をアフリカからアメリカ大陸・西インド諸島に移送し奴隷として現地の白人入植者に売り，そこから奴隷労働の成果である綿花，砂糖やタバコなどをヨーロッパに運び広く販売して巨利を得ました。この「大西洋三角貿易」で蓄積した膨大な富がイギリス社会全体の生活水準の向上と，とりわけ綿織物への需要の飛躍的増大をもたらしました。西インド諸島やアメリカ南部での綿花プランテーションの拡大はその需要にこたえるものであって，必要とされた黒人労働力を供給する奴隷貿易は18世紀から19世紀にかけて最盛期を迎ました。イギリスの産業革命は，大量生産を社会的に要請されていた木綿工業での技術革新が起点となったことを私たちはよく知っていますが，その背後に密接に関連した黒人奴隷貿易の展開があったことを忘れてはいけないでしょう。いわば，グローバリゼーションの影の部分です。

イギリスによる「大西洋三角貿易」は次のような循環となり

図I—7—1　三角貿易

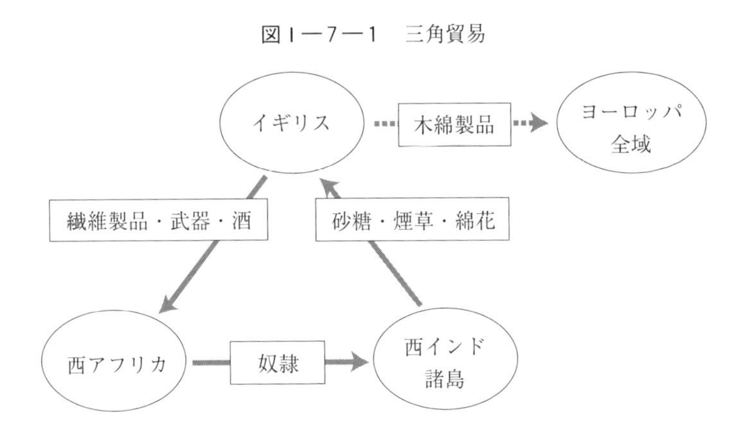

ます。

①イギリス国内生産の繊維製品・武器・酒のリヴァプール積み出し

⇒②西アフリカで荷下ろしして黒人奴隷の詰め込み

⇒③西インド諸島・アメリカ南部で黒人奴隷を下して砂糖や煙草，綿花などの積み込み

⇒④リヴァプールに戻る。

（アメリカ南部のプランテーションで黒人奴隷によって生産される綿花はイギリス綿工業の原料；木綿製品はヨーロッパ全域に販売）

帝国主義：植民地獲得競争としての19世紀グローバリゼーション

ヨーロッパ諸国による植民地経営と本国の政治経済の展開とが緊密に関係するようになるのは，19世紀初めのナポレオン戦争以降の国民国家の成立とその植民地獲得競争が激化するいわゆる帝国主義の時代からです。それは，産業革命による近代的な資本主義の成立とも軌を一にして

います。そして，帝国主義時代の植民地経営というグローバリゼーションは，本国と植民地との密接な経済関係によって維持されていました。

イギリスの機械製大工業による木綿工業の世界的展開と，それによる廉価な木綿製品の輸出によって植民地インドの伝統的木綿産業が壊滅したのはその典型的な例です。また，大反乱（セポイの反乱：1857–58）頃のインドは，自国の財政収入の約半分をインド統治のための軍事費と司法・警察費に費やし，15％前後を「本国費」（home charges）の名目で宗主国イギリスに吸い上げられていました。自国の国民生活に寄与すべき民政費はわずかに10％程度であったと言われています。イギリスは植民地経営を「本国費」によってまかなうことで，「イギリス国内の中間階級・ジェントルマンの再生産を確保していた」（金子勝「安

図Ⅰ―７―２　「遅れてアジアから来た日本です。よろしく。」という場面

ビゴー「列強クラブの仲間入り」（1897）（横浜開港資料館蔵）。

価な政府と植民地財政」福島大学『商学論集』48（3），1980）のです。

こうした植民地経営という形でのグローバリゼーションは，欧米列強によるいわゆる帝国主義政策として展開しました。そして，19世紀末までには，遅れて近代化・産業化を果たしたアジアの新たな帝国主義国として登場した日本は，石炭や石油，鉄鉱石などの資源や自国産品の市場を求めて中国大陸東北部や東南アジアを主な対象として植民地獲得を目指しました（図Ⅰ―7―2）。ご承知のように，やがて先発のイギリス，フランス，オランダ，アメリカなどと対峙することになりました。この結末が，わが国では太平洋戦争とも呼ばれる第2次世界大戦の原因の1つであったこととその悲惨な敗北であったことは，皆さんもよくご承知のことと思います。

現代のグローバリゼーション

1945年に第2次世界大戦が終わると，アメリカ合衆国を核とする西側資本主義陣営とソヴェト連邦を盟主とする東側社会主義陣営との間の「冷戦」が始まりました。直接の戦争ではなく外交や経済や情報などを手段として，さまざまな地域での代理戦争も含んで両陣営の間で国際的な対立抗争が長く続きました。1989年12月2日のアメリカ・ブッシュ大統領と旧ソヴェト連邦・ゴルバチョフ書記長とのマルタ会談によって，西側が勝利する形で「冷戦」は終結しました。

この45年の間，東側では硬直した計画経済と一党独裁体制のもとで経済が停滞していた一方で，西側では主にアメリカを拠点とした多国籍企業（MNC: Multi National Company）による国境を越えた国際的な経済活動が急速に拡大しました。これが現代のグローバリゼーション，第3のグローバリゼーションの始まりです。すでに1970年代に進捗していた貿易国際決済のオンライン化，国際金融決済システムの整備も相まって，1990年代以降の急速なインターネットの普及とともに，2000年代に入ると財貨・情報・金融のほとんどの経済取引がボーダーレスに自由に行われるようになり，現代に至っています。

グローバリゼーションを基礎づけるイデオロギーが，市場原理主義のもと個人や企業に不断の自己革新と競争を求める「新自由主義」です。この方向は，植民地帝国主義時代とは異なった形での国際的な分業体制の再編を伴いながら，資本主義の限りない世界化（アメリカ化）を目指しています。現在その主要なプレーヤーはアメリカ系のGAFA（Google, Apple, Facebook, Amazon）や中国系のBATH（Baidu, Alibaba, Tencent, Huawei）で，これらのデジタル企業集団だけで世界の富の7割が占有されているとも言われています。そして，こうしたグローバリゼーションを先導する役割を果たしているのが世界銀行（WB）・国際通貨基金（IMF）・世界貿易機構（WTO）の“三位一体”なのです。当然，自由貿易という名の無規制の競争の中で，十分すぎる資金と情報を持っている巨大企業にそれらを持たない小企業や個人が勝てるわけはありません。経済学の価格理論の教科書に出てくる需給均衡価格や比較生産費説での均衡点で，“生産者余剰と消費者余剰が最大化する”などという話は現実には絵空事です。自由に貿易したら後進国は先進国に勝てないし，中小企業は巨大企業に勝てません。また，世界の経済取引では人やモノという現物の伴った取引総額よりも，金融や先物といった実物の伴わないマネーゲームのような取引総額の方が何倍も大きくなっています。1980年代にこうした状況を予言したS.ストレンジ『カジノ資本主義』(1986) という本すら出ていますし，現在この問題を指摘したのが，すでに何回か紹介したT. ピケティの『21 世紀の資本』(2013) という本です。

そうした，デジタル化された世界経済の中で極めて少数の大富豪ファミリーが世界の富の半分以上を持っていると推計されています (OXFAM の調査)。世界的な所得格差の拡大です。その一方で，先進国を含めた多くの国々で地場や地域に根付いた国内産業の衰退，産業の国際的再編という名のもとに低賃金による特定商品の生産に特化せざるを得ない後進国，巨大な国際アグリ・ビジネスの展開による各国での小規模農業の崩壊，競争による恒常的な費用圧縮圧力による非正規雇用の世界的拡大などの多くのネガティヴな現象が現れています。この章の最初に紹介した，先進国サミットの開催地で必ず見られるようになった反グローバリズムの抗議行動の背景がこれなのです。

では，経済学の歴史の中でグローバリゼーションはどのようにとらえられてきたのでしょうか。それを簡単に見てみましょう。

汎・グローバリゼーションの経済思想

ヒュームとスミス　もちろん，すでに見たようにグローバリゼーションとは新しい言葉であり概念です。経済学の巨人たちが直接にそれについて語っているわけではありません。それでは何に着目すればいいのかと言えば，アリストテレスの場合と同様に商業と交易について彼らがどう考えていたのかを見ればいいわけです。

あるべき人間，目指すべき理想的な人間から道徳や社会生活のあり方を考えるそれまでの古いタイプの思想家や宗教家とは異なり，ヒュームはよりよい生活や贅沢を望む生身の人間の自然的欲求から人間や社会についての考察を出発させています。当然，経済や商業の展開を「事物の自然な成り行き」とみなし，18 世紀以降の近代社会は商業によって国民の「幸福と国家の強大さ」とを両立させた社会であると高く評価しました。“商業の文明化力”という経済と商業への積極的な視点です。ヨーロッパの先進国を念頭においてですが，国際貿易についても，関係する国々の富の大きさやその国の産物の多様性を前提に相互が有利になるものと考えていました。そのヒュームはある有名な論考で，「私は，一人の人間としてのみならずイギリス臣下として，ドイツ，スペイン，イタリア，そしてフランスさえも，それ自体の商業の開花を祈念するものである」と断言します。また，商業が円滑に進むほど諸国間の政治は平和になると考えていました。まことに，バラ色のグローバリゼーションを描いていると思いませんか。

ヒュームの若い友人のスミスは，上のような基本発想を共有しています。啓蒙期の知識人や思想家でもその多くが，商業や経済についての古いモラルから逃れられません。質素や倹約が推奨されるべきであって，贅沢をすることやカネもうけばかりを考える商人は罰当たりだ，というものです。「商人が罪なくあるわけはない」と言ったルター（Martin Luther: 1483–1546）と変わるところがありません。ところがスミスは『国富論』（1776）を書く前の講義ノートで，商業は人を啓（ひら）いて新しいモラルを作ると言い，18 世紀前半当時に商業が最も進んだオランダが契約をよく守るなど最も礼節な社会であると見なしていました。これは，人間の堕落をもたらす商業とそれを担う商人の腐敗を憎み，中世の農本主義的な経済と生活への回帰を望んだルソーとは正反対の方向を向いていると言えます。

また，商業と国際政治の関係についても，スミスはヒュームと同様に，“平和になると商業が盛んになる”と考えがちなモンテスキュ‥とは逆に“商業が持続的に展開できるようになれば平和になる”と考えていました。

植民地アメリカの独立とスミス

その上で，より具体的な問題として，スミス個人にとって『国富論』の執筆時期であると同時に18世紀中盤のイギリスにとって大問題であったアメリカ植民地の独立問題について，スミスが何を言ったのかを見ておきましょう。『国富論』の4編7章「植民地問題について」で相当な長さでこの問題を論じています。実は，分離独立か合邦のどちらがふさわしいかについて，スミスは必ずしも明確な結論を示していないので，研究者でもスミスの立場について意見が分かれています。ここでは，貿易と経済のグローバリゼーションという視点から要点を取り出しておきましょう。

まず，北アメリカ植民地のめざましい経済発展を，「富裕の自然的進歩」を体現している新大陸での代表的な事例として高く評価しています。ただし,奴隷貿易についての議論はありません。また,イギリス本国と諸国間の自由貿易については,「商人にとってはグレート・ブリテンが現在享受している独占よりも不利であっても，全国民にとってはより有利なものである」として双方に利益となろうと言っています。これは，自発的に分離した北アメリカ植民地とイギリス本国との間にも適用できると見なせるでしょう。つまり，スミスにとっては，そして，経済学の成立の時から，商業と交易の発展は自然的なものであり，多国間の自由貿易，つまり今の言葉でいうグローバリゼーションも自然の成り行きであるというのが基本的な発想であるということです。

確信犯リカードゥと微妙なマルクス

すでに示唆したように，グローバリゼーションを経済思想から見ようとするとき，リカードゥの比較生産費（比較優位）説に触れないわけにはいきません。自分が持っていないものを店に行って買うのは，それを自分で一から作り上げるより手間も費用も少なくて済むし，店に置いてある商品を作った反対側の人にとっても同じことが言えて，両方にとって利益がありそうです。直感的にそんな感じがしませんか。なぜモノが交換されるのかを説明する原理かもしれません。これを，国と国との間での自由貿易に広げてみても，結果的に双方に利益になりそうだというのは直感的に支持されそうです。

ここでは数値を挙げたり細かい条件を確認してリカードゥの議論を説明することはしません。ただ，エッセンスと考え方を示しておきます。ワインと毛織物という2つの商品を考えて，イギリスとポルトガルでその両方を生産できるとします。そのとき，両方の商品の生産の効率を考えます。リカードゥの巧妙なところは，ポルトガルの方がイギリスより両方とも生産が効率的であったとしても（絶対優位），場合によってはそれぞれの国がどちらかの商品に特化して生産した後に交易をした方が両方の国にとって利益になると主張したことです。ワインはポルトガルの方が圧倒的に単位当たりの生産費が安く，その費用は国内の毛織物の単位当たり生産費より安い（ワインに比較優位），イギリスではワインも毛織物も単位当たり生産費がポルトガルより高いが国内では毛織物の方がワインよりも単位当たり費用が安い（毛織物に比較優位）。このとき，ある条件，たとえば，ワインの生産効率の優位性がイギリスより非常に高い一方で，毛織物の優位性はわずかであるとき，ポルトガルはワインの生産に特化し，イギリスは毛織物の生産に特化してその後に相互に輸出入をしあうのが最も合理的で利益が大きくなる。

どうでしょうか。数値例はどこかで見てください。ここで示されているのは，国際分業と自由貿易の奨励です。現代のグローバリズムの議論の原型と言えるのではないでしょうか。

もちろん，一見まっとうな議論に見えて，さまざまな問題点が伏在しています。簡単に言えば，日本が比較優位で工業製品の生産に特化して，アメリカから大豆などの農産物を全部輸入するのがいいと言われて，そうなるのが現実的で妥当でしょうか。

もう１つ，リカードゥの商品価格の理論は，生産者がその気になればいくらでもその商品を増産できるような商品（任意可増財）を前提に考えられています。つまり，資源もそれから作り出された商品の市場も制限がないのです。これは現代ではもう通用しませんね。

マルクスについては一点だけ紹介しておきます。人々の経済行為の結果生み出される際限なく発展する資本主義的な社会関係は，それ自体の存立基盤を掘り崩す契機を内包しているという発想です。それは，そうした社会関係の展開には資本家に搾取されている労働者階級を成長させる力があるというもので，それをマルクスは「資本の偉大な文明化傾向」と『経済学批判要綱』（1857-58年に執筆）で言いました。それは先に紹介したヒューム“資本の文明化力”の発想に近く，経済それ自体は自然に，必然的にグローバルなものになっていくという洞察とも言えるのではないでしょうか。

現代の汎・グローバリゼーションの議論

ここ数十年のグローバリゼーションの進展が，世界の人々の実際の生活にどのような影響を与えてきたのかについて，特に貧困や衛生や教育の普及についてのデータはかなり肯定的のようです。最近のベスト・セラーにハンス・ロスリング『FACTFULNESS（ファクトフルネス）　10の思い込みを乗り越え，データを基に世界を正しく見る習慣』（日経BP社，2019年）というのがあります。ここでは，膨大な調査をもとに，貧困状態にある人々は過去20年で半分になっているということの紹介をはじめ，乳幼児死亡率，予防接種率，平均寿命，HIVの感染，安全な飲料水へのアクセスなどの医療・衛生の問題，飢餓，貧困，児童労働，などの社会経済問題，識字率などの文化問題，女性参政権や民主化の度合いなどの政治的問題など，多くの点でよくなっている，改善されていると断じます。

同じように，ジェフリー・サックスは著書『貧困の終焉』（2006）で「グローバリゼーションが，インドの極貧人口を2億人，中国では3億人減らした。多国籍企業に搾取されるどころか，急速な経済成長を遂げた」と言っています。

また，世界的な分業体制という視点からは，世界中に分散している各個人や小さな企業，あるいは辺境の地域の事業主であっても，世界のグローバル化とネットワークによって，国境を越えて直接にグローバルな競争に参入し，あるいは共同作業をすることができるようになっていると言います。中国やインド，あるいはその他のこれまでは辺境と呼ばれていた地域への世界企業からの業務や生産の委託をその例としています。トーマス・フリードマンの『フラット化する世界』（2006）でグローバリゼーションは結果的に，政治的な紛争回避効果もあったとも主張していますが，これなどは，ヒュームやスミスの“商業 ⇒ 平和”論の現代版と言えるでしょう。

『21 世紀の資本』で世界的な所得格差の拡大こそが資本主義経済 300 年の歴史的趨勢だと言った T. ピケティ（Thomas Piketty: 1971-）は，「グローバル化そのものはいいことであり，経済が開放され一段の成長をもたらした。格差拡大を放置する最大のリスクは，多くの人々がグローバル化が自身のためにならないとして，極端なナショナリズムに向かってしまうことである」と指摘しています。しかし，私たちは本当によりよい方向にそれなりに向かって進んでいるのでしょうか。どうも実感とはズレているような気もします。そこで，次に反・グローバリズムの経済思想を追ってみましょう。

反・グローバリゼーションの経済思想

150 年前以上むかしの議論ですが，まずとり上げるべきは，経済学の歴史でドイツ歴史学派の先駆者 F. リストです。早くも 19 世紀の半ばにスミスやリカードゥらの古典派経済学の自由貿易論を批判しました。リストは国によって経済の発展段階や生産技術などが異なっていることの現実の交易への影響を重視します。つまり，当時の後進国であったドイツの立場から，自由貿易では自国の産業や技術が発展しないままになってしまうので，国民経済を自立させるためには保護貿易政策をとる必要があると主張しました。有名な『経済学の国民的体系』（1841）にそのことが書かれています。

20 世紀に入ると，すでに紹介した 19 世紀版グローバリゼーションの展開としての帝国主義に対するさまざまな批判的言説が登場します。以下，代表的な著作を列挙します。

まず，J. A. ホブスン『帝国主義論』（1902）です。ここでは，一般均衡論のような抽象的な議論ではなく，現実の経済の動きに着目することから実際の経済では均衡とは反対に社会全体の過少消費や資本の過剰蓄積が常に発生し，そのことが景気の変動や帝国主義化の原因となると論じました。ホブスン自身，古典派や限界革命以降の正統派経済学に批判的で，自ら「異端の経済学者」と称したことで有名です。

ヒルファーディング『金融資本論』（1910）は，ドイツの巨大銀行を金融資本の運動という観点から分析し，資本主義を独占という視点からその問題性を示そうとしました。実物の移動を伴う取引きより株式や金融の取引額の方が大きくなった現代世界の経済状況，多分野で活動する多国籍企業，あるいはGAFAと呼ばれるインターネットを基盤とした巨大企業の存在とその影響力を見ると，ヒルファーディングの視点の先駆性を見ないわけにはいきません。

R. ルクセンブルク『資本蓄積論』（1913）は，企業活動の留まることのない，際限のない資本蓄積傾向というマルクスの発想を強く受け次ぎつつ，その否定的側面として経済が国境という壁を乗り越えて，必然的に外界に向かって帝国主義化することを論じました。

第1次世界大戦（1914–1918）期に出版されたレーニン『帝国主義論』（1917）は，上の議論を総合して20世紀初頭の世界経済を帝国主義と特徴付け，目の前で展開されつつあった世界戦争という極限的な政治状況を，そこに登場する資本主義列強による世界市場の争奪競争という経済状況の必然的な結果であると見なしました。これらを見ると，ほぼ100年前の話ですが，皆さんが日々見聞している“米中経済戦争”をはじめとした現代世界の混迷する経済状況に思いを致さないでしょうか。

さらに補足として，マルクス主義者であったドイツのK. カウツキー（Karl Johann Kautsky: 1854–1938）が第1次大戦の開始期に主張した“超帝国主義論”と呼ばれる考え方を紹介しておきます。後進地域の獲得を目指す世界戦争は国民だけでなく資本家階級にも大きな経済的負担とコストを課すことになるので，帝国主義列強にある巨大な独占的企業相互の間で“国際カルテル”を結ぶことにより，各国間の競合状態から戦争に至る道を共同で回避することができるというものです。言ってみれば，国際的な協調によって当時のグローバリゼーションを摩擦や軋轢なしに進めることができるという議論です。カウツキー自身は，こうした世界的に協調する資本に対して，労働側も国際連帯による“階級闘争”が求められると主張しました。これも，現代のいわゆるG7やG20といった国際協調をスローガンとする「サミット体制」を彷彿（ほうふつ）とさせないでしょうか。大きくみれば，世界の状況はこうした面から見れば実は100年前とあまり変わっていないのかもしれません。皆さんはどう考えますか。

現代の南北問題：開発と低開発

現代でグローバリゼーションを考える時，いわゆる「南北問題」（North–South divide）について触れざるを得ません，というより不可分です。もちろん，これは，豊かな先進資本主義国と貧しい低開発国との格差の問題が1960年代に入って指摘され始めた時，世界地図の上でそれぞれの地域が北と南に偏って位置していることからそう呼ばれました。

実は，この問題を考えるには，第2次世界大戦前までオランダ植民地であったインドネシア経済についての研究であるA.

H. ブーケ『二重経済論』（1930）がヒントになります。ブーケはオランダによって移植された欧米的資本主義経済とインドネシアの伝統的経済とが，異質なものとして共存している「二重経済」状態にあると認定しました。低開発状態の国では，古い農業共同体が維持されたまま，外側の市場化された世界経済に連携されているという実態を紹介したもので，なるほど，現代の南北格差の固定化傾向につながる先駆的な視点であり業績であったと言えるでしょう。

ブーケの議論の発展的応用にあたるのが，1960年代半ばに登場したS. アミン（1931- ），A. フランク（1932- ）らによる「従属理論」です。代表的な著作のタイトルからだけでも中味が推察されます。フランク『世界資本主義と低開発――収奪の《中枢―周辺》構造』（1969），アミン『世界資本蓄積論』（1970），『不等価交換と価値法則』（1973）などです。ラテン・アメリカ経済の分析からいわゆる「南」の第三世界全体の抱える社会経済の諸問題の原因を発展途上国の立場から究明しようとしました。簡単にまとめれば，先進国主導の経済開発が実際には低開発状況の固定化とさらなる拡大をもたらし，その一方では「北」先進国での資本蓄積が一層加速しているというものです。“低開発の開発”（the development of underdevelopment）というのが代表的なスローガンです。

半世紀を経た現在の状況は，おおよそ反グローバリゼーションの主張の方向に行っていると言ってもよいでしょう。もちろん，世界経済の状況は大きく変わりました。かつての「南」であった中国やインドは今や「北」に入ろうとしています。中国の進めている「一帯一路」政策とは現在の発展途上国にとってどういう意味を持つのでしょうか。興味深い問題です。

図Ⅰ—7—3
〈グローバリゼーション〉

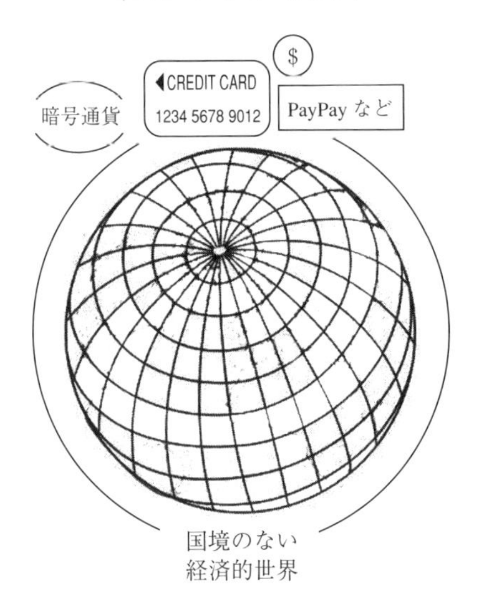

アダム・スミスやリカードゥの古典派経済学以来の汎・グローバリゼーションの思想を受け継ぐ現代の新古典派経済学は，当然にも先進国のイチニシアチヴや政府が上から主導する形の開発と成長政策を支えるさまざまな理論的提案を行ってきました。今に残る1960年代の代表的なタームを挙げれば，“2部門成長モデル”，“経済成長の諸段階”，“ビッグ・プッシュ理論”などであり，特に，新古典派の台頭と言われる1970年代から80年代にかけての時期には，比較優位による貿易理論に基礎を置く貿易と経済成長の積極的な提起を行いました。1980年代以降も，世界銀行（WB）やIMFによる発展途上国への借款をもとにした“構造調整プログラム”という新古典派アプローチが開発経済学

の主流となったと言われています。

1995年には世界貿易機関（WTO）が設立され，WB，IMFとともに先進資本主義国主導の開発，すなわちグローバリゼーションを推進する「三位一体」が完成し，現在にいたっているわけです。

結論　グローバリゼーションは止められるか

皆さんが外国旅行に行った時，言葉が通じなくてもおカネ（貨幣）を出せば，あるいはクレジットカードかデビット・カードによるモバイル・ペイメントで何でも買えて支障なく旅行を続けられませんか。簡単に言えば，これが常に国境や文化や歴史や宗教の違いを越えて“越境する経済”の力です。近代以降の社会とは，こうしたネットワークによって全体が統合されたシステムのことです。ヒュームやスミスはこのことを250年前に洞察していたのです。しかもこの経済の力は，社会を構成する人々の，よりたくさん食べたい，今より良い生活をしたいという自然的欲求と必要性に基礎づけられているので極めて強固です。ロビンソン・クルーソーが，離島に流れ着いた時にいったんは捨てた貨幣を，文明社会に帰る時に再び拾ったことは実に示唆的ではないでしょうか。

つまり，グローバリゼーションは止まらないということです。より具体的に考えても，世界企業や多国籍企業と言われるグローバル企業によるグローバルな戦略に対抗できるでしょうか。そうした企業群は，インターネットを駆使し，世界全体を1つの市場とみなし，人々の共通する需要を評価し，あるいは掘り起こし，標準化された製品やサービスを世界的な分業体制のもとにより低いコストで提供するために，最も効率的なシステムで商品を生産しそれを流通させるシステムを構築しようとつねに努力しています。このグローバルな戦略にふつうの人間である私たちが対抗できるでしょうか。できるとは思えません。

世界の指導的な経済学者といわれる人々の多くも，グローバリゼーションを肯定しています。ノーベル経済学賞（スウェーデン国立銀行賞）を受賞したスティグリッツ教授は，グローバリゼーションのプロセスは派生する問題を極力大きくしないような適切な政策の組み合わせと順序を踏まえる必要があると言っているようです。当たり前のことを言っているだけのようですが，他に言いようがないかもしれませんね。

「我が亡きあとに洪水は来たれ」か

世界の人々が経済というシステムにのっとってよりよい生活，より大きな所得を目指そうとしている限り，古典派経済学以来の展開の中で試行錯誤していく以外ないように見えます。グローバリゼーションの負の側面に対応する主流派経済学のこれまでの戦略は，外部（不）経済の内部化，環境ルールのゲーム化，自然環境の「経済資源」化，環境被害の（社会的）コスト化などがあります。これに対して，資源やエントロピーへの配慮，経済体制の変革，文明批判や反進歩思想，個々人の経済倫理の向上などを主張する人々の運動があります。しかし，この方向が現実の世界で実効性を持つには，人々が皆，“公共精神に溢れた優れた人間”であることが求められますが，皆さんはそんな人間になれるでしょうか。あるいは，発展途上国の人々に，経済成長は地球をこわすから今の生活で満足してくださいと言えるでしょうか。無理だと思います。また，グローバリゼーションの結果，先進国でも国内産業の一部が衰退することに反発して自国第一主義が登場するでしょう。しかし，それは一時的なもので長続きしません。

　では，行く所まで行け，“吾が亡き後に洪水は来たれ！”（後は野となれ山となれ：ポンパドール夫人）でいいのでしょうか。おそらく，フランス文学者の渡辺一夫氏がかつて言ったという，“人間は滅びるものである。しかし，抗いながら滅びていこうではないか”というのがいいところかもしれません。皆さんはどう考えますか。

第8章　おカネ
——暗号通貨とモバイル・ペイメントは何をもたらすのか——

私は2年ほど前に北京，今年（2019）の3月には毎年数回訪れているロンドンに半年ぶりに行って来ました。それぞれ1週間ほどの滞在でした。そのどちらでも驚いたのが，現金（キャッシュ）をほとんど使わなかったことです。スーパーマーケットでも本屋でも，タクシーでも地下鉄でも，持っているデビットカードかクレジットカードでそこに居る間の支払いが済んでしまいます。ロンドン中心部にあるよく行く大きなスーパーでは，暗証番号もいらず単にセンサーにカードをかざすだけで「ピッ」と音がして終わりでした。カードではなくスマートフォンでQRコード（2次元バーコード）をかざす若い人も結構いました。日本でも現在，「○○ Pay」や「×× Pay」のようなキャッシュ抜きの電子決済が猛烈なスピードで普及し始めたことは，皆さんもよく見ていると思います。

それで思ったのは，「まてよ，おカネはいまどうなっているんだろう」，「お札やコインとかの現金はこの先どうなってしまうんだろう」ということでした。同じく思った「前にレジで働いていた人たちはどこに行ったんだろう」という点については，第Ⅰ部の最初に少しですが触れました（第1章「労働」）。そこで，第Ⅰ部の最後のこの章は，この「おカネ」について考えてみたいと思います。おカネこそ古来，人を動かし経済を動かしている原動力そのものだからです。

そもそもおカネの役割とは何なんだろうか

おカネと言っても，日本語でも英語でも色々それにあたる言葉があります。おカネについて議論するときに，それが何を意味しているか議論する当事者たちの間で微妙にズレていて，話がすれ違っていることを時に見かけます。そこで，ここでも辞書などを使っておカネのさまざまな意味についてまずは確認しておきましょう。英語の money から見てみます。ただし，「金持ち」「賞金」「給与」のような日常的な意味合いを除いてここでの議論に直接かかわるものを抜き出すなど，必要な部分だけ紹介してあります。

money　n.
【1】（硬貨・紙幣などの）通貨，貨幣；金（かね），金銭。
【2】交換 [支払] 手段・富の測定に用いられる物（小切手，貝殻，砂金など）。
【3】（通例 moneys）（特定の名称の）通貨。
【6】富，財産，資産。
【7】金銭的利益，もうけ；不正な金（もうけ）。
（『ランダムハウス英和大辞典』第 2 版）

見られるように，経済や経済学で登場するおカネの意味合いがおおよそここに出てきていると思います。実際，『経済辞典』なども含めて，おカネの総称としての money に対応する言葉として日本語では「貨幣」が使われています。そして，経済学では一般に，貨幣には 3 つの代表的な機能があると整理されています。①商品やサービスを購入する際の支払い手段機能，②商品の値打ちや富の大きさを測る価値尺度機能，③富や資産として蓄えられる価値貯蔵機能です。また，より専門的には，経済の動きを考える際に鋳貨（コイン）などの金属としての現物のイメージが強く残る「貨幣」とともに，より幅広くおカネの機能をカバーできる，「通貨」currencyという言葉が多く使われています。経済学における貨幣とは現金のほか，預金通貨（銀行の当座預金や普通預金など）や準通貨（解約すれば直ちに支払いに使える定期預金など）のこと，などとよく経済学の教科書に書いてあります。

なお，ここでは，経済人類学でいう「原始貨幣」（primitive money）は扱いません。商品交換と市場の存在を前提として現在の経済世界を成り立たせている貨幣とそれにつながるものとして古来からのおカネに限定しています。

ところでそのおカネですが，日本にいる私たちはまだたいていの場合，財布の中に現金としてコインと紙幣の両方を持っています。この２つはおカネとして同じなのか，違うのか，回り道のようですがまずはそれを歴史から考えてみます。

「コイン」と「お札」：コインの始まり

家族や親密な集団内部のモノのやり取りを越えた人々の経済行為はいつから始まったのだろうと考えると，集団と集団との間のバーター（物々交換）だろうと推察されます。

おおよその貨幣史のテキストによれば，こうしたバーター（物々交換）の不自由さの解消のために，交換を媒介する共通のモノが使われるようになったのがおカネ（貨幣）の始まりとされています。最初は現物貨幣（貝，穀物，布，家畜，塩などの共通の必需品など）です。貝が中国古代に広く使われたモノの１つであったことが，漢字の「貨」の部首に残っています。と

図Ⅰ—8—1　物々交換からおカネへ

物々交換
(伊予銀行 WEB サイト「お金歴史館」より)

世界最古のリュディア貨幣（紀元前6世紀頃）
(Wikipedia より)

ころで，現物の物品は壊れやすく腐りやすくて大きさもまちまちなので，交換の仲立ちをするモノとしてはふさわしいとは言えません。そこで，腐りにくく分割しやすい金属がそれに変わって世界の各地で使われるようになりました。鉄，青銅，銀，そして金などです。これがコイン（貨幣）の誕生です。

西アジアではすでに紀元前4000年頃から銀貨が使われ，現存する最古の金属貨幣は紀元前5世紀ごろのリュディアのエレクトラム（金と銀との自然合金）と言われています。以後，商業・

交易の世界的な展開とともに金属貨幣は広範に流通していくことになります。

コインの4つの課題と問題

金属貨幣（コイン）の円滑で幅広い流通には2つの大きな課題がありました。1つは大量の金，銀，銅などの貴金属が常に必要なことです。貴金属は，古来人々がそれ自体に値打ちがあると自然に思うので交換を媒介するおカネ（貨幣）にふさわしく，商業や交易が拡大すればするほど必要になって来ます。前の章で紹介した，16–17世紀ヨーロッパ経済の拡大に大きな影響を与えた新大陸産銀の役割を思い出してください。グローバリゼーションとも深い関係があるのです。

2つ目は，発行主体ができるだけ限定されていることです。重さの違う地金による取引より，量目のハッキリしたコインを権威を持った特定の誰かが鋳造することで，使う人々がコインの通用力を信用するようになります。歴史的には，古代から中世に至るまで，その地域の土地や人々を支配する権力者（王侯）が独占的にコインを鋳造し流通させていました。税金の徴収にも大いに便利であったこともそうする大きな理由でした。

3つ目は課題というより問題です。それは，コインの重さです。コインは流通している間にどうしてもすり減って来ます。そうすると，額面の金額とコインの地金である金や銀の重さの間にズレが生じます。これは支払いの現場にとっては大きな面倒になります。それに，コインをたくさん持てばとても重たくなります。何かいい方法はないのか，ということです。

4つ目も問題です。それは危険です。取引の金額が大きくなったり，遠隔地間の交易の場合に支払うコインの量が増えると，一度に大量のコインを運ばなければなりません。これは重くて不便ですし特に遠くまで運ぶ場合，盗賊から見れば格好の略奪の対象です。皆さんも中世の森や砂漠の中で大量の重いコインを運ぶ自分を想像してみてください。やはり何かもっといい方法はないかと考えるでしょう。

多くの研究書をまとめれば，おおよそ3番目と4番目の事情がコイン（貨幣）の代わりに紙幣（お札）が出てくる背景であったと言えるでしょう。

お札の始まり：宋の「交子」は「信用」で流通

お札は「紙幣」のことです。やはり，漢字が気になりませんか。貨幣の「貨」については前に少し触れました。「紙」についてはわかっていることとして，ここでは「幣」について漢和辞典やWEBサイトを参考にしてまとめておきます。実はこれがお札の起源に関わっているのです。

幣とは，中国の古典では祭礼の時に神にささげる貴重な絹織物のことです。この幣は同時に，大切なものや宝物といった，値打ちのある貴重なモノという意味でも使われ，それが転じてモノと交換できるおカネ（貨幣）の意味になったということです。文字通り，“紙のおカネ”であるお札ということになります。「お札」は日本語では「おふだ」とも読んでありがたい“お守り”の意味にもなりますね。実際，「おさつ」を持っていると「おふだ」のようにやはり“ありがたい”感じがしませんか。おカネに対する自然で素朴な気持ちだと思います。

では，貴金属の地金でできたコインと同じような機能を，なぜ1枚の紙きれが果たせるのでしょうか。これが次の問題です。現在の管理通貨制のもとで発行される紙幣につながる問題です。

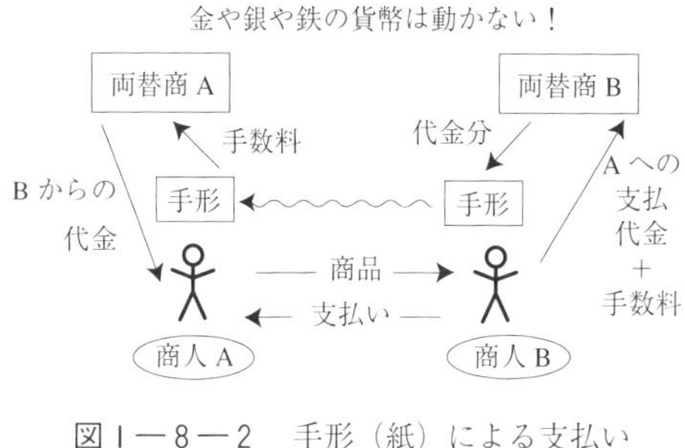

図Ⅰ—8—2　手形（紙）による支払い

北宋の交子　（WEB「世界史の窓：世界史用語集」より）

やはり歴史がその答えのヒントを教えてくれます。Wikipedia などの該当箇所をまとめると以下のようになります。

世界最初の紙幣は，中国の北宋時代（960–1127）に発行された「交子（こうし）」だと言われています。現在の四川省にあたる地域の両替商たちが成都を中心としたその地方で流通していた鉄銭の預かり証を発行し，その利便性と信用度により重たい鉄銭より流通したとのことです。実際，一定の期限内なら発行した両替商とは別の両替商で鉄銭や銅銭と交換できる，今の“約束手形”として流通していたと言えるでしょう。1023 年からは北宋の政府が民間の両替商に代わって銅銭の一定額を準備金として交子の発行主体となったことで，急速に発展する宋代の商業の決済手段として宋銭（銅銭）とともに広く流通しました。これは，民間発行の手形に代わる，政府が信用を保証していつでも銅銭と交換できる“兌換紙幣”の成立と言ってよいでしょう。

ヨーロッパでの展開：手形から銀行券へ，「取り付け騒ぎ」＝「信用」の揺らぎ

ヨーロッパでは，遠隔地貿易の中継地であり都市国家間で両替商のネットワークの発達した12世紀のイタリアで手形が生まれたと言われています。手形とは一定の期間の後にそれを持ってきた者にそこに書かれている金額のおカネを支払うことを約束する“証書”の一種です。約束手形です。ですから，手形自体が決済の手段として流通していて，両替商のネットワークに「信用」さえあれば，発行するとき自分の手元に何もなくても手形を発行できてしまいます。これ，重要です。

とくに有名なのは，17世紀イギリスで流通した「金匠手形」Goldsmith's noteです。預金も貸し出しも行う両替商も兼ねたロンドンの金細工商がこのゴールドスミスで，当初は預金の預かり証だったものが，貸し出しの際にイタリアの場合と同様に，預金無しでも金匠の信用において預かり証を発行するようになり，人々がそれを「信用」してコインという現金の代わりに紙の証書が広く流通するようになりました。皆さんもおわかりのように，これは兌換銀行券の先駆でもあり，ゴールドスミスは近代的銀行の先駆けでもあるのです。

最も早く，両替商ないし民間の銀行の発行する金ないし金貨と交換できる約束手形を国家が「銀行券」として承認したのが，スウェーデンの民間銀行ストックホルム銀行発行のもので，1669年のことでした。イギリスでは1694年にイングランド銀行が設立され，同様の約束手形が発行され始め徐々に他の民間銀行発行のものを押しのけ（発券の集中），それが“イングランド銀行券”として幅広く流通するようになったのです。イングランド銀行は1844年にピール条例で正式にイングランドの中央銀行になりました。もちろん，この時の銀行券（bank note）は，発券した銀行に持ち込まれれば金もしくは金貨（これらをまとめて正貨とか本位貨幣といいます）の一定量と交換される「兌換銀行券」でした。

ところで，皆さんはすぐに思いつくと思いますが，顧客の預金を含めて銀行内に保蔵されている正貨の総額より大きな額面の兌換銀行券を信用をベースに発行していて，その信用が恐慌や銀行券の過剰な発行のために揺らいだ時何が起きると思いますか。「取り付け騒ぎ」です。つまり，銀行への信用が崩れ，預金者が手持ちの銀行券を正貨に兌換したり預金を正貨にして取り戻そうとして一斉に銀行に押しかけることです。混乱です。銀行の混乱は不換紙幣のみが流通している管理通貨制の現在でも起きているのは皆さんもよく知るところですね。

ここでまとめておきますと，流通するおカネはおおよそ以下のように変わって来ました。

〈おカネの変化〉

①貴金属の地金や鋳貨（コイン）
②いつでも地金や鋳貨に交換できる，両替商や私的な銀行の発行する手形としての紙幣
③金正貨への交換を政府が保証する複数の兌換銀行券
④中央銀行が発行する唯一の兌換銀行券
⑤管理通貨制のもとで中央銀行が発行する不換銀行券
（←⑤はあとで説明）

ここで押さえておくべきは，人々が金などの貴金属ではなく「紙」を受け入れているのは兌換できると皆が「信用」している

こと，その「信用」があれば流通している紙の銀行券の額面の総額が銀行に準備されている正貨の金額を大きく超えていてもかまわないこと，さらに，そうならば両替商段階でも地金や金貨の裏付けがなくても当面はいくらでも手形を発行できてしまうことです。何だか現代の銀行や金融の話につながっていませんか。

お札（銀行券）は金とつながっているべきか：「地金論争」

現代の無制限の金融緩和の話にもつながる，経済の動きとおカネ（貨幣）との関係をめぐるこの問題は，歴史的には19世紀のイギリスで大いに議論となっていました。その詳しい経緯はここでは紹介しませんが，経済思想史的に重要なのは1810年代の「地金論争」とその再販と言われる1840年代以降の「通貨学派」と「銀行学派」との論争にまとめられます。ナポレオン戦争の影響による信用不安と困難な経済状況の中で，イングランド銀行が19世紀末からしばらく兌換を停止した時期がありました（1797–1821）。その結果と思われたインフレ状態の解消を重視したリカードゥらは，過剰な通貨（銀行券）発行の歯止めとして兌換再開を主張しました。それに対し，政府や銀行や商人たちは通貨の過剰は存在せずインフレの原因は別にあるとリカードゥらに反対しました。ちょうどこの時期に出された『地金報告』（1810）がイングランド銀行券の過剰発行がインフレの原因と決めつけたので，この論争は「地金論争」と呼ばれています。有名どころではリカードゥやH. ソーントンが地金派，R. トレンズやJ. ミルが反地金派です。

兌換復活後のデフレなど紆余曲折がありつつ，1844年のピール条例（銀行法）でイングランド銀行への発券の独占権の付与と併せて，兌換そのものは復活させませんでしたが紙幣発行高に対応する価額の金準備（正貨保有）を義務付けました。この時，再び銀行券の発行の上限は正貨保有量によって厳しく制限すべきと言う「通貨主義」と，正貨保有高にかかわらず銀行券は自由に発券できるようにすべきとする「銀行主義」の対立がありました。おおむね，通貨主義は以前の地金派を，銀行主義は反地金派を引き継いでいるわけです。

なお，この章では各国で補助通貨的役割を果たしている「硬貨」については特に触れず，銀行券を念頭に置いた「おカネ」についてのみ考察の対象としています。

今のおカネと金（きん）との関係は：管理通貨制度のもとでの不換紙幣

その後，銀行券という兌換券の通用力や国際交易を支える各国通貨間の為替システムを保障する意味で，金本位制を19世紀後半に先進各国が採用し，停止や再開や制度的な再編を経て1930年代から40年代前半まで続きました。各国とも自国通貨の購買力が金の一定量の値打ちで測られているということです。その一方で，ほぼ各国ともその時期に管理通貨制度に移行し，国内では金との交換のできない不換紙幣のみが流通することとなったのです。第2次世界大戦後，金（きん）と米ドルとの交換をもとに各国通貨が間接的に金（きん）とつながる「金ドル本位制」（ブレトンウッズ体制）が成立しました。その時，7章で紹介した国際通貨基金（IMF）や世界銀行（WB）などの国際機関が設立されました。各国の協調の名のもとに，背後にグローバリゼーションが進行していたのです。さらに，1971年8月，当時のニクソン米大統領による金とドルとの交換停止により，世界中で流通しているどの国の通貨（お札）も，ついに直接にはもちろん，間接的にも金の地金や金貨との関係がなくなり，本当の意味でただの“紙切れ”となったのです。前のページにある〈おカネの変化〉の「⑤管理通貨制のもとで中央銀行が発行する不換銀行券」がそれにあたります。

では，どうして私たちはただの紙切れを支払い手段として使い，経済社会全体が維持され，動いているのでしょうか。また，その紙切れをありがたく思い，ある程度以上手元にたまると銀行に預金として預けてホッとします。できるならもっと貯めたいと思うようになります。しかし，やはり，不思議に感じます。皆さんもそう感じませんか。

少し考えただけでも，おカネには交換取引を仲介したり経済活動を効率化したりという機能的・媒介的役割を果たしている以上の，人の意識に積極的に働きかける何かが備わっているように思えます。誰もが，キラキラ光る金（gold）に特別な感慨を持つのではないでしょうか。少なくとも金本位制には自然的な根拠があるように見えます。

ロックやスミスやリカードゥは貨幣（おカネ）をどう考えたのか

ここで，現代主流派の新古典派経済学の源流である古典派経済学の祖国，イギリスにおける貨幣論の系譜について経済学史・思想史の眼から言及しておくのも無駄ではないでしょう。経験論のこの国では，ロック『利子・貨幣論』（1692）以来，貨幣は財貨の流通過程での実物的機能において理解される傾向が強かったのです。ですから，貨幣でモノを買うのは等価交換であると考えた上で，モノの値打ちに等しい貨幣の値打ちは素材の地金自体の値打ちと造幣の費用からなると考えます。のちに手形や紙幣が流通に多く登場するようになってからも，商人や銀行家と違って，ロック以降の学者や政治家はおカネの値打ちをどうしても鋳貨の素材の金属のことに帰着させる傾向が残ります。金属主義（metalism）です。またその一方で，ロックの場合，貨幣は売買の媒介物に過ぎないととらえられているので，貧富の差に直結する貨幣資産の独自の意義への関心はありません。加えて，「おカネは交易の……潤滑油だ」と言ったヒュームの経済論に，現代の新古典派貨幣理論の典型である貨幣数量説の原型をみることができます。物価と貨幣の流通量についていえば，第7章「グローバリゼーション」を読んだ皆さんは，16–17世紀にかけての新大陸産銀の大量流入によって物価が2，3倍となった「価格革命」を思い出すことでしょう。経済に関心を持った当時の知識人にとっても常識の1つでした。

ロック同様に実体経済の動きへの貨幣の影響を明瞭には示さなかったスミスは，そのことで「貨幣ヴェール観」に立っていたととらえられました。それが『国富論』を読んだリカードゥの中立貨幣命題として継承され，以降古典派経済学から現代の新古典派経済学に至る経済理論の系譜の中核的貨幣論であり続けました。ここにも，貨幣を基本は単に道具として見る現代経済学の主流派の歴史的背景がよく示されていると言えるでしょう。

今のおカネの状況は？：不換紙幣を出し続けて大丈夫か

1970年代に，長期的には貨幣供給は実体経済に対して中立的で影響を与えないという，伝統的見地を踏まえた上での現代版貨幣数量説を定式化したのがM. フリードマンです。彼は，物価と貨幣供給について「インフレーションは貨幣的現象である」という有名な言葉を残しました。もちろん，現代の貨幣数量説は合理的期待形成論の導入をはじめとした様々な理論的精緻化が図られ主流の貨幣・金融理論となっていますが，本質的には古典派の中立貨幣命題に依拠した考え方に変わりはありません。現在のわが国で効果なく何年も続いている日本銀行による“異次元の金融緩和”政策も，背後にこの貨幣観を持っています。実際，フリードマンの発言を機械的に裏返しして「デフレーションは貨幣的現象である」とみなして，貨幣量を2倍にすれば2％物価上昇して2年でデフレが脱却できると日本銀行が2013年に宣言してもう6年たちました。その効果は見えていません。大量に供給されたおカネはどこへ行ったのでしょうか。やはりどこかがおかしいとしか言いようがありません。それとも，“理論は正しいが現実が間違っている”のでしょうか。この事態の説明は理論家や実証の方々に期待しましょう。

ただ，この章でこれまでの議論からして，次の点は確認しておきましょう。すでに見たように，現在のおカネは管理通貨制のもとで中央銀行によって発行されている「不換銀行券」です。金属主義の強かったスミスやリカードゥの時代の「兌換銀行券」と違ってその銀行券自体はいっさい金などの実物的価値の裏付けがない不換紙幣です。ただただ，人々がその通用力を信用しているだけです。また「信用」に戻ってきました。

MMT（Modern Monetary Theory：現代貨幣理論）て何だ？

ところで，ここ数年，アメリカで新たな“異端の経済理論”なるMMTが登場してきました。おカネとは何だろうかという，この章のこれまでの議論と重なるところが多いので，その点を日本の現状に対応させて紹介してコメントしておきましょう。要は，①政府には通貨の発行権があるので，「政府紙幣」というおカネを印刷していくらでも民間に支出できる。②政府の赤字財政で民間に支出されたおカネは政府の負債で，反面，民間の資産・所得がその分増えることになる。仮に国債発行を通じて日本銀行券を発行した場合でも，発行残高は日銀の負債である一方で民間にとっては資産であることは同じである。③不換紙幣を出し過ぎるとハイパーインフレになっておカネの信用がなくなるおそれが出てくるので，それを避ける目的で適切な課税をしておカネを政府に回収する。課税には所得分配機能や文化コントロール機能もある。以上がその要点です。なお，ここでは政府と日銀は一体のものと考えています。

まず①については，すでに管理通貨制のもとでの不換紙幣は「信用」のみに基づいて流通しているのだから，その信用が崩れない限り政府はいくらでも紙幣を発行できるといえるでしょう。そうであるなら，国債発行を通じた日銀券の民間への注入という迂回的なものではなく，政府への信用のみに基づく「政府紙幣」の直接発行という手段で政策原資を調達できるし財政赤字の補填もできます。もちろんこれは，国民への国債売買を介した利回りの差額で利益を出している銀行や証券会社などが大反対をするでしょう。

②は，すでに両替商が手形を発行する場合に額面分の保蔵貨幣が必要であったように，手形や銀行券は発行主にとっては債務・「負債」で，それを持っている側（民間）にとっては債権・「資産」ということになります。実際，日銀のばあいでも，日本銀行券の発行残高をバランスシートで「負債」に計上しています。その理由を，兌換廃止後の日銀券の価値は「日本銀行の金融政策の適切な遂行によって確保されるべき」という考え方から，

「日本銀行が信認を確保しなければならない『債務証書』のようなものである」として，負債に計上しています（日銀，https://www.boj.or.jp/announcements/education/oshiete/outline/a23.htm/）。ですから，“国民１人当たりの財政赤字”などというのは誤解を招くとんでもない表現です。政府紙幣も同じことでそれを含めて，政府の赤字は会計的には国民の黒字ということです。

③については，海外に借金があるアルゼンチンやヴェネズエラのような何万パーセントのインフレ率による財政破綻というようなことは，世界最大の対外純資産を持ち自国の通貨での債務証書（国債）への信用が世界最強と言われる日本には起こりえないということでしょう。確かに日本の対外純資産（外貨準備や外国への直接投資）は 2017 年末時点で 330 兆円近く，27 年連続で世界最大の純債権国であったということです。2 位は 261 兆円のドイツ，3 位が 205 兆円の中国で，アメリカは 886 兆円という世界最大の対外負債を抱えています。

MMT の理論的妥当性や政策の現実性には多くの議論があるところでしょうが，とりわけ年金，社会福祉や医療の「財源難」解消を考えた時，財政赤字を恐れない“反緊縮”政策は相当に魅力的に見えることは確かです。そこは専門家に任せて，この章の問題関心から言えば，①の点，今のおカネは「信用」だけで流通していることが確認できればいいでしょう。

それでは暗号通貨・仮想通貨とは何なんだ？

これまで歴史を含めて見てきたように，流通しているおカネ（通貨・貨幣）というのはそれを発行しているところの借用証のことでした。そして現在，世界中のおカネは人々の「信用」のみに支えられて流通しています。そうであるとすれば，何らかの手段やシステムで世界に広がる幅広い「信用」を獲得できれば新しいおカネ（決済手段）を創造することができるのではないかと，誰かが考えました。その最初のものが2008年にサトシ・ナカモトと名乗る人物が暗号技術のサイトに投稿したアイディアがもとになって始まった「ビットコイン」です。これはインターネットの世界の中だけに存在するデジタル通貨で，まったく物理的な存在ではないため，「仮想通貨」（virtual currency）とか「暗号通貨」（cryptographic currency）と呼ばれています。それから10年以上たち，世界中で数千の同じような通貨が作り出されたと言われています。もちろん，それぞれの仮想通貨にはそれを生み出す技術やシステムへの「信用」以外に何の裏付けもありません。

P2Pとか，ブロックチェーンとか，マイニング（暗号通貨の「掘り出し」）などの暗号通貨を生み出す技術の詳しい内容についてはここでは問いません。まず見ておくべきは，暗号通貨とはどんな「通貨」として利用されているのかということです。“流通”とはまだ言いにくいと思います。

「資金決済に関する法律」（2009年6月）第2条5項「仮想通貨」の定義を要約すればつぎのようになります。

①不特定の者から物品の購入や借り受け，サービスの提供を受けた場合の支払いに使用できるもの。

②不特定の者との間で購入し，販売できる財産的価値のあるもの。

③電子機器その他に電子的方法によって記録されているもの。

④不特定の相手方との間で相互に交換でき，電子機器により移転できるもの。

以上から，次のことがわかります。仮想通貨は形のない支払い手段であると同時にそれ自体が円やドルなどの既存の通貨で売買できる「商品」であることです。結局，実際の通貨と同じように支払い，貯蓄ができ，かつ，先物と同じような投資の対象にもなっています。ビットコインがこの10年の間で，もっとも脚光を浴びたのは新時代の支払い手段というより，投機の対象となったことと，セキュリティの甘い取引所からハッカーによって巨額のコインが盗まれてしまったことです。これが起きたのは，当然にも，既存の通貨と交換できるからです。

ブロックチェーンは民主的で革命的か，それとも“打ち出の小づちか”？

電子的な取引の連結送金台帳であるブロックチェーンの非中心性と開放性，知識と高性能のPCを持つものならば誰でもチェーンの末尾に確率的に新しいブロックを追加してコインを報酬として受け取れる（マイニング）ある種の民主制，などによってビットコインの登場当初に新時代の新通貨ともてはやされました。特に，巨大なメインフレームに金融情報だけでなくすべての個人情報がビッグデータとして集約される,電子決済という名の「モバイル・ペイメント」の徹底した中央集権的なシステムへの“対抗勢力”とみられていました。さらには，ブロックチェーンが新しい世界をもたらすというバラ色の未来予測まで出てきました。

しかし，今，冷静に仮想通貨（暗号通貨）を見てみると，主として既存の通貨と交換できる投機商品として扱われているだけのようです。しかも，そのために価値の変動が大きく安定しないので送金手段や決済通貨としての役割すら十分に果たしていないように見えます。

暗号通貨のセキュリティが問われていますが，まだ大きな問題が伏在しています。マイニングそのものがもたらすであろう社会的な歪みです。現在では，あるブロックチェーンに新しいブロックを追加することができてその報酬として一定額のコインを獲得するのは，極めて高価で計算速度の速い高性能のPCを持っていたり，そうした能力に特化したPCを多数連結させることのできる人やグループや企業で，しかも熾烈なマイニング競争に打ち勝ったもののみになっています。これは何をもたらすのでしょうか。所得格差がいっそう拡大するばかりに見えます。とてもバラ色の未来をえがくことができません。ビットコインのような暗号通貨は金や銀などの裏付けなしにいくらでも作り出せます。たとえればおもちゃのおカネです。当然にも，最初にシステムを作ってマイニングをし，そのおもちゃのおカネをたとえばドルに換金すれば，まさに巨大な“創業者利得”が得られます。

先ごろ（2019年6月），世界中に27億人のアカウントを持つfacebookが，ブロックチェーンによって新たに創造する暗号通貨「リブラ」（Libra）による国際決済サービスを2020年に始めると発表しました。27億人分のビッグデータを自らのメインフレームで集約しつつ，おそらくリブラを生み出すブロックチェーンの1番目のマイナーとなる。さすがに機を見るに敏な“創業者”ザッカーバーグ氏です。いったい，どれほどの天文学的な額のリブラをマイニングするのでしょうか。予定では1リブラ＝1ドルが実際の通貨との交換比率とのことです。システム的に相対立すると思われていた，中央機関のないブロックチェーンと徹底した中央集権的な決済システムのモバイル・ペイメントとを

図Ⅰ—8—3　ブロックチェーンとモバイルペイメント

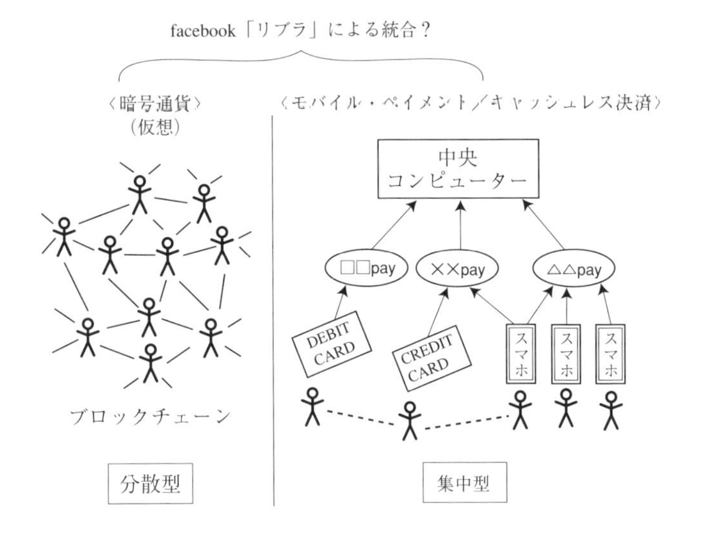

統合しようというアプローチと思います。“いいとこ取り”です。分散型で追尾可能な台帳としてのブロックチェーンの特性のみを送金システムに利用するだけとは思えません。すでにこの計画にウーバー，スポティファイ，マスターカードや，私も利用している決済システムのペイパルも参加を予定しているとのことです。儲かるからです。ビットコインがその価値に何の裏付けもないのに対して，リブラはドルやユーロと最初から交換可能としています。ステーブル・コインと言います。実現すれば既存の銀行はいったいどう対応するのでしょうか。というより，銀行も独自の暗号通貨をブロックチェーンから生み出そうとしていると聞きます（図Ⅰ—8—3）。

以上とは別に，マイニングの際には世界中の連結されたPC相互の情報交換と計算が，多い時は1秒に数兆回も行われることも含めて，暗号通貨の1送金ごとに4ワットの電力が必要という計算もあります。革命的な電力技術の革新かより洗練されたブロックチェーン技術の開発がない場合，暗号通貨の「流通」のためだけで近いうちに，世界中の電力を消費してしまうという予測もあります。また，盗難以外の，より本質的なセキュリティの面でも不安があります。量子コンピューターのような既存のPCに比べて計算能力がけた外れに高い計算機が登場しそれを大量に連結して利用する悪意のハッカーが，分散型の取引台帳としてその履歴が完全に記録されているとするブロックチェーンに参入したときに，それが致命的に攪乱されることがないと言えるのでしょうか。

暗号通貨はディストピア（極限の金融資本主義）をもたらすか

この章の最初に書いたように，生活の中で日々現金（キャッシュ）の役割が小さくなっていきます。モバイル・ペイメントです。すでにスウェーデンではキャッシュでの決済はGDPの1.7パーセントのみとのことです。でもそれは結局，消費者個々人の銀行口座で決済されます。そして，決済に使われる通貨は中央銀行券という借用書そのものであり，それ自体は基本的には単に「信用」のみを根拠にした紙切れです。

そうであるなら，実世界とは何のつながりもない，財貨・サービスの生産の対価でも何でもない，ブロックチェーンから“掘り出された”暗号通貨も，人々が信用するなら決済通貨として機能してもおかしくありません。しかも，いったん生み出された暗号通貨は，銀行に還流すると消えてしまう銀行券や使い切ればゼロになるSuicaのような前払いの電子マネーとは違い，流通の中に増え続けるばかりです。ただでさえ，信用のみで膨大に発行された各国通貨があるだけでなく，いわば無から簡単に作り出されるこの暗号通貨も加わって，それらが実物世界ではないまさにヴァーチャルな金融的世界を肥大化させていくのではないでしょうか。そして，一部のすでに巨額の金融資産を持った超富裕層と，それと重なりながらこれまた巨額の暗号通貨を獲得したプライム・マイナーたちとが，まさにおカネからおカネを生み続けるプレーヤーとして活動し続ける世界，ひとつのディストピアとしか見えてきません。これが，スーザン・ストレンジがかつて「カジノ資本主義」と言った現代の金融資本主義の行く末かもしれません。

そのとき経済学はどう対応するのでしょうか。ゲーム理論で暗号通貨をやさしく解説しているある啓蒙書の終わりの方に，「『みんながそう信じるから，自分も信じるのが妥当』というナッシュ均衡が，おカネを成立させます」と新発見のように書いてあります。しかし，ヒュームやスミスやマルクス，あるいはケインズも，ひょっとしてアリストテレスも，彼らの著作を読めばナッシュ均衡を知らなくてもそういう洞察をしていたと推察できます。ゴールドスミスは両替商の仕事から自然にそのことに気づきました。経済学は大丈夫なのでしょうか。

働かないでおカネだけもらえる世界が来るのか

この本の第１章「労働」の末尾に以下のように書きました。

「すでに示唆しているように，単純に考えれば，従来からの資本主義のシステムの中でこれまであった仕事がなくなってしまうと，労働の対価としての賃金・給与を得ることができなくなるということです。そうなったら，人々は苦しい労働をする必要がなくなりそうな反面で，生活必需品などの商品を買うための支払い手段を得られなくなったらいったいどうやって毎日生活していけば良いのでしょうか？ AIの進展はそうした問題が私たちの前に突きつけることになります。これは，別の章で貨幣や仮想通貨とは何かを経済学的に考えるところで改めて検討してみます。」（本書50頁）

実際，毎日のように，将来なくなってしまうとされた仕事を持つ分野で数千人単位での人員削減のニュースが報道されています。このトレンドはいっそう速いスピードで広がっていくと思います。人件費というコストを削減しないとその企業，その産業分野は消滅してしまうからです。しかし，AIによる労働消失が社会全体に広がった時，仕事を持たない大量の人々はどのようにして日々の生活の糧を得ればよいのでしょうか。

この章のおカネの議論を踏まえれば，解決策は1つしかないように見えます。それは，みんながある決済手段を裏付けもなくても「信用」するなら，また，それをいくらでも生み出すことができるなら，それをみんなに配ればいいという方法です。1971年の金・ドル交換停止以降，すべての国の通貨はすでに「暗号通貨」までは行かなくても広い意味での「仮想通貨」になっていると言ってもよいと思います。少なくとも先進国では国民は自国通貨を「信用」してきたし，いまも「信用」しているように見えます。そうであるなら，国債を中央銀行が引き受ける財政ファイナンスのような回り道をせず，単に政府が印刷するだけの「政府紙幣」でも，暗号通貨の「ビットコイン」でも「リブラ」でも，それをヘリコプターから札束をばらまくように配ればいいのではないでしょうか。あるいは，MMTが示唆するように，人々の口座に「ベーシック・インカム」として

図1—8—4　おカネをばらまく？

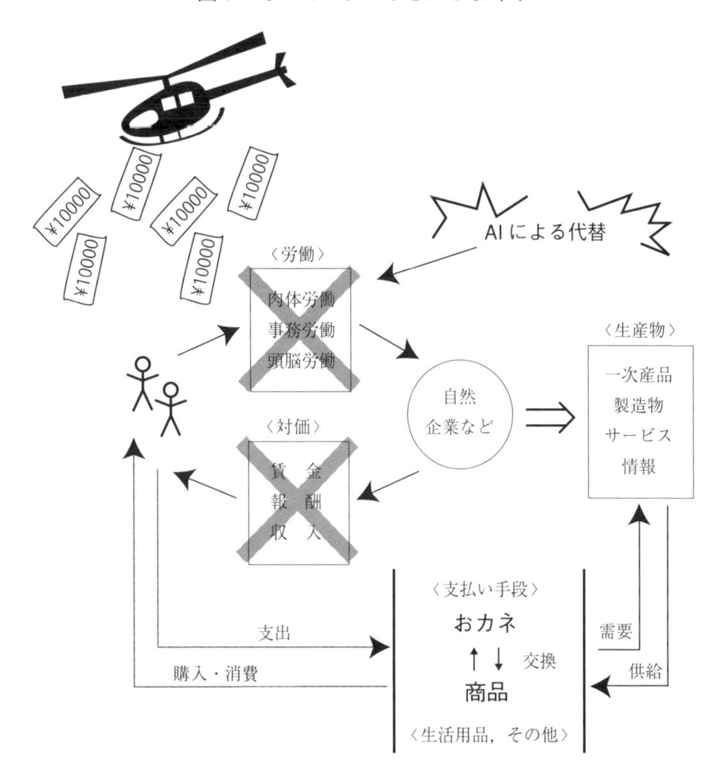

「政府紙幣」なりを政府が振り込んでしまえばいいのではないでしょうか。仮に，支払い手段としての「信用」に不安が出ると考えるなら，超富裕層の資産と所得に課税してそれを原資に，所得移転の形でとりあえずは「銀行券」を，支払い手段を得ることができない人々に再分配するという方法もあると思います。これなど，それこそどこの国でも99％の国民は反対しないと思います。

この，一見過激な方法が本当に荒唐無稽で無理なのかどうかの評価は，それこそ経済理論家の役割だと思います。はたして理論家の皆さんの意見は一致するでしょうか，聞いてみたいものです。ともあれ，経済思想史からおカネを見るとこんな風な結論になります。

第II部

科学という枠組み
——社会科学のための科学——

第1章　科学とは

辞書から見ると

社会科学とは単純には“社会についての科学”であるわけですが，一般にどのようなものと言われているのでしょうか。まず，わが国の代表的な総合辞典である『広辞苑』（第5版）によって，関連するいくつかのキイ・ワードを検索してみましょう。まず，「科学」です。

> **科学**：（science フランス・イギリス・Wissenschaft ドイツ）
> ①体系的であり，**経験的に実証可能な知識**。物理学・化学・生物学などの自然科学が科学の典型であるとされるが，経済学・法学などの社会科学，心理学・言語学などの人間科学もある。②狭義では自然科学と同義。

上の文章の中で，「経験的に実証可能な知識」という説明は，何が科学的な知識かについてのこの辞書の明確な立場を示していますが，これは後で解説することとして，ここでは次のことに注意を払っておきましょう。それは第1に，当たり前のことですが科学的知識は常識的・日常的な知識とは区別されるということです。私たちは，普通の教育を受けていれば地球が太陽の周りを回っているという科学的な知識（地動説）を持っています。しかし，私たちは誰も地球の自転運動や公転運動を実感してはいません。むしろ太陽が大地の周りを回っているという実感（天動説）の方を体験として持っているはずです。にもかかわらず，地動説の方が科学的であり真理でもあると考えているのです。第2に，そのような科学的知識は普通の人々ではなく特別な知識と技能を持った特定の人々，すなわち科学者・学者の科学的活動によって提供されているということです。つまり，科学を担う専門家がいるのです。このように，科学の知識内容とその知識の社会的なあり方とは，そもそも最初から表裏一体の関係にあると言えます。

こうしたことは，科学という訳語の元である science という言葉の成り立ちと意味の変化を見るとよくわかります。

元はラテン語の scientia（知識）であり，あることを理論的に知るという意味で知識や学問を一般的に指したり，その特定の分野を指したり，あるいは15世紀くらいまでは教養的学芸としての art と置き換えられたりしていたということです。英語で見てみると，17–18世紀になると art が特殊な技能，技術の意味が強くなるにつれて science は一層理論的知識の意味が強くなり，19世紀になるとさらにそれは神学や形而上学を除外した物理的・実験的な学問であるという，より狭い意味に限定・固定化していったようです。1840年にヒューエル（W. Whewell: 1794–1866）という人が，science 一般を研究する専門家をあらわす言葉として scientist をあてることを提唱したという，有名なエピソードがあります。これは，科学という言葉が現在のような意味合いで受け入れられていくプロセスの一端をよく示していると思います。

もちろん，この専門家は生活のための日々の労働を仕事として行う必要がないという意味で，一般人の目から見れば「ひま人」であるわけです。ある社会全体がこうしたひま人，つまり（科）学者を支えているのです。実は，学問とは，本来，ひま人が行っている，日常の生活に直接に役に立つかどうかわからないような知的営為のことを指しているのであって，これは同時に，学問が主として行われる場である学校（school）という言葉の語源（スコレー）が「ひま」であることにも対応しています。

もう1つ確認しておくべきことは，この科学が第三者にも確認可能な客観的（objective）で実験的（experimental）な方法によって基礎付けられていなければならないものとして受け止められたことです。そして，主として既に言及した物理学だけでなく，化学や生物学といった自然科学に科学の意味が限定される傾向も生まれました。このとき，こうして得られた理論的知識は人間の外にある普遍的で客観的な対象についての知識であると見なされるようになるわけです。この反面で，元々は実験もその一部に含んでいた経験（experience）は，個々人の主観的（subjective）営為であり，そこから実際的（practical）で主観的な知識が得られると見なされるようにもなるわけです。こうして，誰もが等しく受容可能と目された科学的知識は，第1に，確信や信念や信仰とは本質的に違った種類の知識となります。なぜなら，個々人の思い込みや信念は客観的に納得できる形では第三者に示すことができないからです。第2に，抽象的・理論的であるという点において，応用的・実際的な性格を持つ工学や技術に比べて高級な知識であると見なされるようになります。

ところで，『広辞苑』では学問を次のように説明しています。

> **学問**：（science（s））一定の理論に基づいて体系化された知識と方法。哲学・史学・文学・社会科学・自然科学などの総称。学。

訳語をヨーロッパ語のサイエンスに対応させているように，

現代の「学問」が19世紀以来の自然科学の発展に基礎をおく理論的な知識という側面において理解される傾向が強いことがわかります。すると，これまでの説明の推移からして，自然科学に適用され成功を収め，人々にも承認された実験と観察と理論化の方法が，それ以外の学問領域に，たとえば社会科学にどこまで適用できるのかということが，次の問題として浮かび上がります。『広辞苑』では社会科学について次のように書いています。

> **社会科学：**(social sciences) 社会現象を対象として研究する科学の総称。政治学・法律学・経済学・社会学・歴史学・文化人類学およびその他の関係諸科学を含む。

もちろん，少し考えればわかるように，上の分類中，宗教，芸術，心理，道徳に自然科学的・客観的な方法は適用されないのではないかという当然生じる疑問から，人間や社会に対して自然科学と同じような方法は本来適用できないという根源的な反論が生じます。言いかえれば，それは，そもそも社会「科学」と言うけれど，ではそこでの科学性とは一体どういうものだろうかという疑問に他なりません。

しかし，ここでは直ちにこの問題に立ち入る前に，検討の対象となる「社会」とはどういうものか，という点について触れておきましょう。多くの定義をまとめてみると，以下のようになると思います。

> **社会：**(society) 人間が集まって共同生活を営む際に，人々の関係の総体が1つの輪郭をもって現れる場合の，その集団。諸集団の

総和から成る包括的複合体をもいう。自然的に発生したものと，利害・目的などに基づいて人為的に作られたものとがある。家族・村落・ギルド・教会・会社・政党・階級・国家などが主要な形態。

なるほど，先ほどの疑問にあるように，自然科学的・客観的な方法を社会に対して採用しにくそうなことが直感的にも見て取れます。しかも，どこまでそうした方法が社会に適用できるのかという点を意識して考えることは，1920年代以降半世紀ほどの間世界に流布した旧ソヴェト経由の俗流マルクス主義などにおいて，特に本来の自然科学以外の場面で「科学的」という言葉が乱用・誤用されがちであった歴史を持つ我が国では，とりわけて重要と思われます。そこで次に，現代の科学史・科学哲学では「科学」をどのようなものと見ているかについて考えるところから，「科学」なるものの中味をさらに検討して行きたいと思います。

専門家の視点から

よく知られているように，現代に近い意味での「科学」という方法を最も早く提起したのはイギリスの思想家ベーコン（F. Bacon: 1561–1626）です。彼は，一切の先入感すなわち偶像（イドラ）から逃れ，観察と実験のみに基づき，帰納法を唯一の方法とすることによって自然は正しく認識される，そして，この得られた知識によって自然という外界を人間のために利用・支配すること，これらが学問の意義・役割であると考えました。こうした知識獲得の方法を経験論（empiricism）と呼びます。ここに出てくる帰納法（inductive method）と呼ばれる理論化の手続きは，個々の具体的事実から

ベーコン

それらに共通する一般的な命題ないし法則を導き出すという帰納（induction）によって，主に事物の因果関係を確定する方法のことです。

帰納法をより具体的に，ウィリアム・ペティ（W. Petty: 1623–1687）が『政治算術』（1690）の中で自分の方法について紹介する形で，次のように極めて自覚的に示しています。それは，「自分が言いたい事を，思弁的な議論ではなく，数や重さ，すなわち度量単位を用いて表現し，人間の感覚に依拠した議論のみによって，自然の中に実際に見ることのできる基礎を持つような原因のみを考察するという手続き」のことです。

ご承知のように，帰納法に対応するもう１つの方法として演繹法（deductive method）があります。デカルト（R. Descartes: 1596–1650）は，経験にもとづかない，ア・プリオリで疑い得ない，最も単純で認識しやすい前提（一般的真理）から出発して，論理的・合理的な段階的推論によって個々の結論（特殊事例）に至る方法を『方法序説』（1637）で示しました。この推論のプロセスである演繹（deduction）を通じて得られたものだけが確実な認識であるという立場からは，当然にも数学が学問のモデルと考えられます。

ベーコンが，事実に根拠を持たない独断や「一般理論」から説明を出発させることを厳しく排斥したことから，一面で，帰納法と演繹法とは相対立する科学の方法のように見えます。しかし，私たちの理解では，多くの個別の事例から帰納により一般理論を仮説として立てた上で，今度はその仮説から演繹的推論により検証，可能な（複数の）命題を導出し，それらを実験と観察によって検証して一般理論として提示された仮説の当否に立ち戻る，という現実と理論の間のフィードバックを考えることで，これら2つの方法が相補う関係にあると整理することができます。また，高校までの物理，化学などの科学に関する授業では，それこそが科学的な方法という形で教えられてきているはずです。

ペティ

それればかりでなく，「仮説演繹法」と名づけられるこの方法は，歴史的にも大きな成功を収めてきました。中世以来のキリスト教信仰と教会の文化的権威にもとづく証明できない神学的前提や観念からではなく，ベーコンのように誰もが見ることができる事実から出発して誤りない論理的推論に依拠することが，人間が自分たちの周りを理解するための「賢明な哲学的戦略」（村上陽一郎『科学のダイナミックス』1980）であったのは間違いありません。神学においてすら，神の存在を「証明」するために自然神学・物理神学と呼ばれるこのような方法が採られました。歴史的にも，信仰と人間の知的営為とを区別すべきと考えた18世紀の啓蒙思想家の多くは，先験的な観念・思弁を排除し人間の経験のみに依拠する方向にさらに徹底しようとしました。ベーコンに発したこの方向は，19世紀のフランスでは，「所与の事実だけから出発し，それらの間の恒常的な関係・法則性を明らかにする厳密な記述を目的とし，一切の超越的・形而上学的思弁を排する立場」(『広辞苑』) としての「実証主義」(positivism) につながります。現代の自然科学者のほとんどはこうした信念のもとに研究に勤しんでいると言ってよいでしょう。現代最高の理論物理学者といわれるホーキング博士は次のように言っています。

> 私は実証主義の観点から科学を取り扱います。……今日，実証主義は哲学者の好むところではありません。過去の流行であるためでしょう。しかし，科学者にとっては，唯一，首尾一貫した方法であるように思えます」(ホーキング『ホーキングの最新宇宙論――ブラックホールからベビーユニバースへ』1990年)。

確かに，私たちの科学についての常識も，そのようなものではないでしょうか。

しかし，ホーキング (Stephen William Hawking: 1942–2018) 博士が言うように，実は現代の科学史・科学哲学の分野では，事実の観測から出発して厳密な仮説を立てそれを検証することを繰り返す中で，人々の知識は時間とともに徐々に真理に近づくという考え方は，「素朴なベーコン主義」とか「素朴な帰納主義」と呼ばれ，それが持っている経験的・累積的・進歩的な知識観・科学観に対して多くの疑問が投げかけられているのです。後で詳しく触れますが，今のうちに科学に弱い (日本の) 社会科学を考えて，この点について予め簡単に触れておくことにします。

以下，科学哲学者達が言っていることのエッセンスを紹介しましょう。

第1に，科学的「理論」が基礎とする「事実」ないし「データ」は中立的でない，つまり，データに理論の正しさを判定する資格はない，というものです。それを事実や観察の「理論負荷性」と言います。言いかえると，理論化の出発点となるような客観的で生のデータなどはなく，データを得る観測の仕方自体が予めある特定の理論を前提している，と考えるわけです。“生のデータから出発すべきだ”という経験主義自体がすでに1つの理論的立場であるというわけです。

ホーキング

第2に，したがって，同じ現象や同じ観察の対象に対して，観察する側のよって立つ理論の違いに応じて異なった事実やデータが得られたり，異なった解釈が成立し得ることになります。さらに，それらがそれぞれにある一貫した論理による体系的な知識に組み上げられたとしたら，そこには様々な理論が同時に同じ資格で存在する状況が生まれます。知識や理論の「相対主義」（relativism）とか「多元主義」（pluralism）などと呼ばれる考え方です。

第3に，こうして科学の捉え方が帰納法的な経験主義から乖離することにより，理論ないしモデルとその対象となる経験的世界との関係が，①論理的矛盾のない命題から構成された抽象的モデルは現実の世界の中に唯一存在すると見なす「モデル・プラトン主義」（model-Platonism），②理論は人の頭の中にあるモデルに過ぎず，それが現実に対応している必要はなく単に観測結果を予測できるか否かが問題であると考える「道具主義」（instrumentalism）という，両極端の2つの立場の間のどこかでおおよそ理解される傾向になります。経済学での例を挙げれば，マル

プラトン

クス経済学の労働価値論（置塩・シートン・森嶋らによる「マルクスの基本定理」）は，少なくとも置塩の場合「モデル・プラトン主義」であり，序論で紹介したフリードマンの「実証経済学」に示される新古典派経済学の方法論は「道具主義」ということになります。

ここで，プラトンが出てきました。これには理由があります。実は，西欧生まれの科学的発想や枠組みは，西欧人のものの見方・考え方の“２大源泉”の１つであるキリスト教とともに，ギリシアの思想・哲学にその源を持っているからなのです。その中心が，現代までつながる西欧思想・哲学の２つ立場，「プラトン主義」と「アリストテレス主義」です。この内容を知らずして，非西欧圏にいる私たちが広い意味での西欧を理解すること自体が不可能と言っても過言ではありません。また，科学哲学者達の議論とも深く関連しているので，この「２つの立場」のエッセンスをここで紹介しておくことにしましょう。

第2章　プラトンとアリストテレス

プラトンとプラトン主義

ソクラテス（Socrates: 470–399BC）の弟子プラトン（Plato: 427–347BC）は，事物の存在について次のように考えました。世界は眼に見える感覚的な個々の事物の世界と，理性によってのみ思考される見えない普遍的なものの世界との2つに分かれており，個々の事物は,理想的で完全な真の実在である後者イデアの不完全な“影”でしかない，というものです。これをイデア論と言います。見えるものではなく考えられたものが真の実在であることで，それを概念的本質などとも言います。たとえば，眼の前に丸椅子，座椅子，社長の椅子，壊れた椅子などがあるとすると，実はそれらに共通する普遍的で完全な“椅子のイデア”が見えないけれども理性によって思考できる，というわけです。

これから，現実に事物そのもの「がある」ということより，事物が何らかの価値をもったなにか「である」ことを，見える現実よりも観念の世界を，“肉的”なものより“霊的”なものを，個別的なものより普遍的なものを，感覚より理性を重視する，独特な二元論的発想がプラトン主義として長く西欧の思想や哲学に受け継がれるわけです。先に示した，理論モデルとその対象である現実との対応関係についての考え方も，こうしたプラトン主義的な二元論にその源があることが理解されると思います。20世紀の代表的な科学哲学者の1人であったポパー（Karl Popper: 1902–1994）も，“現象の背後にある真の実在を記述するのが優れた科学理論である”と考えるような，彼が「本質主義」

(essentialism）と名づける見地はプラトンから始まると述べています。

経済学で例を挙げれば，同じく先に触れたマルクス経済学のハード・コアである労働価値論の場合，生産される個々の商品への労働投入そのものは，現実の労働過程に即せば経験的に計測・検証不可能であるので，プラトン主義的な本質主義の議論となります。つまりここでは，眼に見える現象としての商品価格（price）の世界と労働を実体とする不可視の価値（value）の世界という二元的な把握を前提とした上で，「商品価格は投下労働量を実体とする価値で決まる」と，不可視の世界の優越性を主張するわけです。価値とは目に見える相対価格のことであり，何かそうではない絶対的なものだと言われても「われわれはその人が何を言っているかわからない」と，19 歳の若き J. S. ミル（J. S. Mill: 1806–73）はマルクス的労働価値論の先行者リカードゥの言う不可視の「絶対価値」を批判しています。イギリス経験論の立場からすれば当然の反応です。

この点に限れば，新古典派経済学の中でも，フリードマンとは異なり本質主義の立場を取る人がいます。「現実の経済の動きを分析するために，抽象化された模型を用います。それをモデルとよびます。モデルは現実そのものではありませんが，現実の動きの本質部分を取り出したものです。本質は眼に見えない共通の部分です」（西村和雄『複雑系経済学とはなにか（1）』www.iic.tuis.ac.jp/edoc/journal/ron/r2-3-3/r2-3-3a.html）というとき，これはプラトン主義そのものです。

歴史的には，不可視の普遍的で完全なイデアが真の実在であるとするプラトン主義の方法は，永遠，完全，普遍といった属性を持つとされるが経験的には検証できない「神」の存在を正当化しようとするキリスト教神学にとっては，大変に都合のよいものでした。事実，プロティノス（Pulotinos: 204 / 5–269 / 70）による新プラトン主義（Neo-Platonism）を通じてアウグスティヌスらの教父や中世スコラ哲学者に影響を与え，さらにヘーゲルに至るドイツ観念論にまで系譜をたどることができます。現代においても，20世紀を代表する数学者の1人ペンローズは，無矛盾の命題から論理的に構成された理論モデルや法則は何であれ，完全な形では観測されないとしても現実の世界の中にそれ自体として存在しているという，典型的なプラトン主義の立場を表明しています（ロジャー・ペンローズ『心は量子で語れるか』1999)。このように，プラトン主義は現代の社会科学に対して，事実，観察，法則，理論，モデルとは何かという，科学の方法についての原理的な考察を今なお私たちに促しているといえるでしょう。

また，社会像について補足すれば，プラトンの『国家』の国制論で，人間の魂のうち最も低位の欲望的部分を代表するものに，政治家・軍人の下で農業・手工業・商業に携わる人々が充てられている点は，近代以前の固定的階層社会観の原型を典型的に示していると言えましょう。あらゆる存在について，こうしたより高位の霊的・精神的なものからより下位の欲求的なものへ，さらには動物，植物，無生物へと隙間なく階層化された秩序を自然なものとするプラトンの見方は，時代とともに精緻化されながら身分秩序のもとづく前近代の階層社会を合理化する際の論拠としても有効であったと言えます（アーサー・ラヴジョイ『存在の大いなる連鎖』，J. ヴァイナー『キリスト教と社会思想』）。これが，人間や自然や宇宙の中に神のデザインによる精妙な秩序を見いだすことで，神の存在を根拠付けようとした，啓蒙期

図II—2—1　ラファエッロ『アテネの学園』

左：プラトン＝指で「上」を指す（形而上⇒イデア)。右：アリストテレス：手のひらで「下」を示す（形而下＝個物）

以降のキリスト教擁護論であった自然神学の源の１つであることも言うまでもありません。

アリストテレスとアリストテレス主義

ローマ・ヴァティカンのシスティナ礼拝堂の壁画，ラファエッロ『アテネの学園』の中央に天を指さす師プラトンと並び，手のひらを地に向けているのがアリストテレス（Aristotle: 384–322BC）です（図Ⅱ—2—1）。プラトンは，感覚でとらえられる個々の事物ではなく，理性で把握する概念的本質としてのイデアが普遍の真実在であるという，観念重視の立場を取りました。それに対してアリストテレスは，変化するさまざまな性質の持続的な担い手としての実体は，主として眼の前にある具体的な個物であると見ました。つまり，彼の哲学は現実重視で経験論的な一元論に傾斜していると言えます。2人の違いは，抽象的で本質的な普遍を主体（subject）と考えるか，現実に存在する個物を主体と考えるのかということに他なりませんが，これは中世の「普遍論争」の主題そのものですし，20世紀には“実存は本質に先行する”とした実存主義の主張に形を変えて再現しています。

また，観察や解剖に基づいて鯨類と魚類を区別した動物分類の正確さには，アリストテレスの帰納法的な科学性が現れており，こうした彼の方法の持つ近代的性格により彼の『自然学』や『形而上学』は，トマス・アクィナス（Thomas Aquinas: 1225–1274）以降のアリストテレス哲学のキリスト教神学への巧妙な組み込みが浸透するまでは，ヨーロッパ中世にしばしば教会から禁書とされました（1210, 1215, 1231, 1245, 1263年）。したがって，スコラ学的に変容したアリストテレス像や，実験の軽視や目的論のみをとらえて，“アリストテレスは近代的思惟とはまったく背反する”と見なすのは一面的であると言えます。私たちは，むしろアリストテレスに，形相・質料論などのギリシア

アリストテレス

哲学としてのプラトンとの共通性より，個々の事実から出発し現象を重視する経験主義の原型をアリストテレス主義として見いだすべきではないでしょうか？

社会科学の立場からは，すでに見たアリストテレスの現実重視の姿勢の反映である，彼の経済思想が重要です。これについては、「序論」で概要を、第Ⅰ部第3章で詳しく説明しましたが、以下、要点を繰り返しておきます。まず，『ニコマコス倫理学』第5巻の特殊的正義論，応報的正義論，『政治学』第1巻の家政術，取財術の項でした。そこでは，共有物の共同体成員への人格的価値序列に基づく分配をあつかう分配的正義，ポリス共同体の中で財貨の相互交換の均等性が共同体をいかに善く維持するかを扱う是正的正義・応報的正義が示されていました。是正と応報は中世以降，両者まとめて交換的正義として整理され,交換当事者の出自に関わりなく,商品交換の形式的適宜性（等価交換と契約の遵守)のみで正しい交換と見なされました。また，貨幣が交換において需要（量）の表現，支払手段，価値保蔵の各機能を持つこと，および貨幣価値の変動が極めて分析的に記述されていました。

『政治学』では，農耕・牧畜など自然から必需品を獲得したものをポリスの構成単位の大家族でどうやりくりするのかという家政術（オイコノミケー）と，貨幣使用が一般化して以降は小売り取り引きという自然に反する取財術（クレマチスチケー）

がうまれるという2種類の経済が示されました。それに加えて，本来は共同体の必要物を供給することを目的とすべき小売り商人が，媒介物にすぎなかったはずの貨幣の獲得を無限の自己目的にする顛倒状態が生じるという注目すべき把握を見ることが出来ました。これらの議論はその洞察の深さのためにヨーロッパ中世から近現代の哲学者，思想家そして経済学者の関心をひき続けています。

マルクスとシュンペーターの読み方

すでに紹介しましたが，たとえばマルクス（Karl Heinrich Marx: 1818– 1883）は，『資本論』の価値形態論の項で，『ニコマコス倫理学』にある5台の寝台と1軒の家との交換が5台の寝台分の貨幣と1軒の家分の貨幣との交換と同じであるという2つの等価交換の記述から，諸々の物の交換可能性に先立つ共通の実体たる本質の同等性（抽象的人間労働）の議論を導きました。同じく貨幣の資本への転化論の「資本の一般的定式」の項では，『政治学』中の商人による貨幣獲得の自己目的化の記述を参照しながら，貨幣の無限の自己増殖運動とその担い手である貨幣を蓄蔵し続ける資本家を『資本論』で最初に規定しています。

マルクス

一方シュンペーターは『経済分析の歴史』の中で，応報的正義を実現する諸物の価格を正常条件下の自由市場での競争価格の原型と見なしました。こうした解釈に反対するポランニーは

『アリストテレスによる経済の発見』の中で，アリストテレスには現代経済学に見るような発想は存在せず，あくまでもポリス共同体成員の生存維持のための自然的で実物的な欲求充足のあり方が示されているのみであるとみています。

現代に生きるアリストテレス

たしかに，古代ギリシアと現代とでは人口も国の規模も技術も人々の生活のあり方も大きく異なっています。しかし，商業や経済という視点からアリストテレスの主張を見ると，そこには現代の経済や貨幣の動きの考察と評価に通ずる驚くほどの先見性を見て取れませんか。とくに，マルクスが参照した，貨幣経済が広がって以降は小売商人は金儲けを第一に考えるようになってしまい，そのことがポリス共同体の本来のあり方を揺るがすことになるというアリストテレスの危惧は，現代世界の極端な貧富の格差を見るとき私たちに重要な示唆を与えているのではないでしょうか。

地球温暖化と森林破壊，廃棄物の蓄積と環境汚染、共同体の解体と都市化の一方でスラムと難民キャンプの拡大などネガティヴな事態が地球的規模で進行する中で，もしアリストテレスがこれらを見たら何と言うのかを考えてみても良いのではないでしょうか。

第３章　科学的探求の手続きと「反証可能性」

では再び,「科学」という１つの認識のルールを考えることに立ち戻り，その内容について確認していきましょう。ただし,以下ではあくまでも社会科学，特に経済学を念頭においてその科学性という見地の範囲で考えることにします。

科学の基本ルール

これまでの議論と紹介から，科学的にものを見ることが何をおいても「経験」によって立つ必要があることがわかります。ところで，よく,“人生経験の豊富な呑み屋のママさんが人間をいちばんよく見てわかっている”などと言われたりします。これも確かに長年の「経験」によって何かが「わかる」ことだと思います。しかし，これまで紹介してきたように，ここで扱っている「科学」はもう少し,いや，かなり違ったものの見方，わかり方であるようだとは思いませんか？ つまり，人の思考のあり方が科学（science）と言いうるには，何らかの対象を「見て」「わかり」たい，つまり認識して理解したいと考えたとき，そのためには，ある特別なルールや手続きが必要だということなのです。先に紹介したように，この科学という方法を最も早く提起したのはイギリスの思想家ベーコンでした。ベーコンは帰納法こそが科学の方法であると強く主張した最初の思想家です。すでにある程度説明しましたが，改めて確認しておきます。帰納法とは，偏見や先入観を捨てて,「ありのままの事実」を観察するところから始めなければならないとし，そこから得られたデータに基づき事象に共

き - のう【帰納】(induction)**:** 推理および思考の手続の一。個々の具体的事実から一般的な命題ないし法則を導き出すこと。特殊から普遍を導き出すこと。[反] 演繹。

きのう - ほう【帰納法】: 帰納を用いる科学的研究法。特に因果関係を確定するのに用いる。ソクラテスが発見しアリストテレスが方法的に整えたエパゴーゲー（還元法）に始まり，スコラ哲学，F. ベーコンを介し，J. S. ミルが大成した。

えん - えき【演繹】(deduction)**:** 推論の一種。前提を認めるならば，結論もまた必然的に認めざるをえないもの。数学における証明はその典型。演繹法。[反] 帰納。

（下線強調は有江）

通する一般法則を発見しようという手続きと言えます。

では，この帰納法について，もう少し綿密に考えてみましょう。再び『広辞苑』の助けを借りるところから始めます。哲学や科学史のなかでは，この科学的な思考のルール，手続きを以下のように「帰納」，「帰納法」として既に定式化しています。

ここで，帰納の反対語であると指示されている演繹とは何でしょうか。

『広辞苑』では２つの言葉の扱いに違いがあるのを見て取れます。帰納の方に「科学」という言葉が明示されているのに対し，演繹は「推論」と見なしています。しかも，「必然的」とあるように，演繹とは実は事実やデータではなく，記述や言明の論理性に関わる概念と言えます。演繹法とはデカルトが言ったように，自明で普遍的な真理と認められる前提から，合理的・論理的な推論によって結論を導く“思考の手続き”なのです。

図Ⅱ—３—２　科学の基本ルール

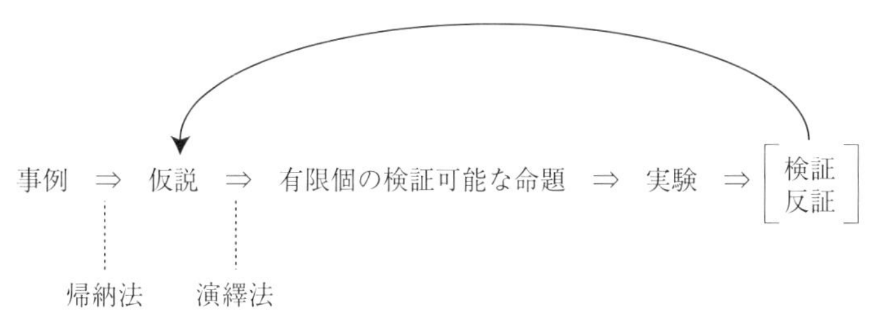

（中丸茂『心理学者のための科学入門』1999を参照）。

少し考えれば，この帰納と演繹とが組み合わさる形で「科学」という営為が，実際の場面では行われていることがわかると思います。視点を変えると，科学とは，本来は人が観察することができて，その観察の結果が誰もが納得できる形で示される，つまり何らかの尺度で数量化できる出来事，現象を対象とし，そこから得られた事実やデータから対象に関わる何らかの原理や法則を導き出そうとする知的な作業ということになります。つまり，そこで導き出された仮説としての一般的な原理や法則を，改めて個別のデータやケースに，必要ならば実験を行うなどして適用することを通じて最初の仮説の妥当性を検証するプロセスです。こうした，推論も含めた手続き全体が仮説演繹法と言われる「科学の基本ルール」ということになります。わかりやすく図示すれば，図Ⅱ—３—２のようになるでしょう。

これは「科学的推論の基本ルール」と言えますが，明らかに，こうしたルールでの知の営み（すなわち「科学」）が対象としているのは，観察可能で数量化できる現象であり，その目的は，現象を理解し，説明し，予測し，ある時は制御することだと言われています。その上で，こうした営みが「科学」と認定されるためには「誰にも納得できる形で」と書いたように，手続きおよび，その手続きを経て得られた結果がある一定の性格を満足している必要があることがわかります。つまり，それらが①専門の科学者の間での共通の了解になりうるものであること（普遍性），②現象や現象の解析，得られた結果などの記述が理解可能な形に記述されていること（論理性），③普遍性や論理性を保証するには観察の対象である現象が数量化されていること，が挙げられます。

ここで，念のために仮説／理論とは何かをハッキリ定義しておきましょう。

> **か‐せつ【仮説】**：〔哲〕（hypothesis）自然科学その他で，一定の現象を統一的に説明しうるように設けた仮定。ここから理論的に導きだした結果が観察・計算・実験などで検証されると，仮説の域を脱して一定の限界内で妥当する真理となる。

「科学」の性格とイメージ

社会科学者の佐和隆光は，17 世紀のベーコン主義から出発している啓蒙期以降に広く認知されてきた「科学」のこうした性格を“近代科学の 3 つの原則”として，①要素化，②数量化，③法則の形式化，にまとめています（『経済学と何だろうか』1982）。さらに，社会学者 R. K. マートン（1910–2003）は別の視点から，こうした知の営みを行う「科学者」が守るべき 4 つのある種の規範を掲げました。①普遍性，②公有性，③利害の超越，④系統的懐疑主義，がそれです。こうした科学観は，（専門家でない）私たちの常識，あるいは高校までの授業で習った「科学」のイメージそのものではないでしょうか？

あらゆる予断や偏見を排し，「事実をあるがままに見る」ために慎重で客観的な実験と観察を繰り返し，得られたデータに基づき帰納的推論によって，一般性を持つと期待される最初の仮説を打ち立てる。次にこの一般的・普遍的仮説（の候補）から様々な事象に対応する個別の命題を演繹的に導き出し，それらの妥当性を，再度，観察による事実や実験によって検証し，最初の仮説が妥当であるか否かが確認される。こうした不断の繰り返しによって，つまり経験による「事実」（データ）の蓄積と，知的作業の向上により，“科学は真理に向かって進歩していく”という確信が，専門的な科学者だけでなく一般の人々の間に広まっていったと言えます。実際，18 世紀以降の自然科学の発展と成功，その社会への影響は巨大なものがあり，その結果，現代ではおそらく誰もが以上のような「確信」を持っているに違いありません。

ところで，次の問題は，では本当に上に示したような「科学」は書かれたその通りの営みを行っているのだろうかということです。

私たちは「何を見ている」のか

まずは，私たちは本当に「事実をありのままに見る」ことができているのでしょうか？ それを帰納法について考えることから始めますが，その前に，科学哲学者が指摘する，私たちの観察の“頼りなさ”について補足的に指摘しておきたいと思います（図Ⅱ―３―３）。この図は色々な科学哲学や認知科学の教科書によく出てくる有名なものです。以下，この図も含めてパラダイム論までの方法論の説明は，角村正博編著『経済学の方法論と基礎概念』日本経済評論社（1990）の助けを借りたところが多くあります。

図II—3　だまし絵

A

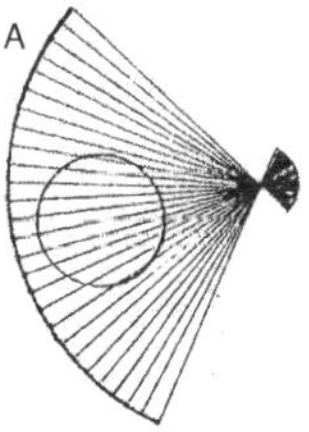

B

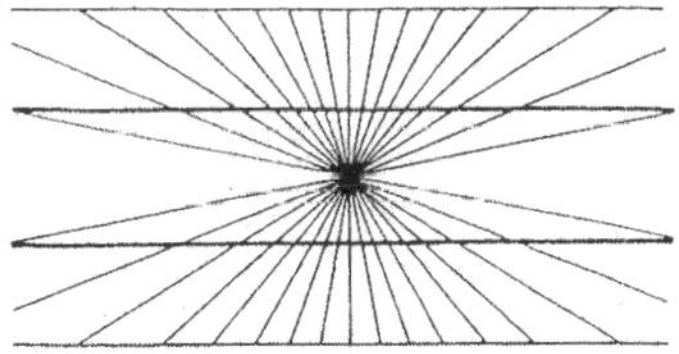

錯覚（視覚はあてにならない）の例：A, B, C

C

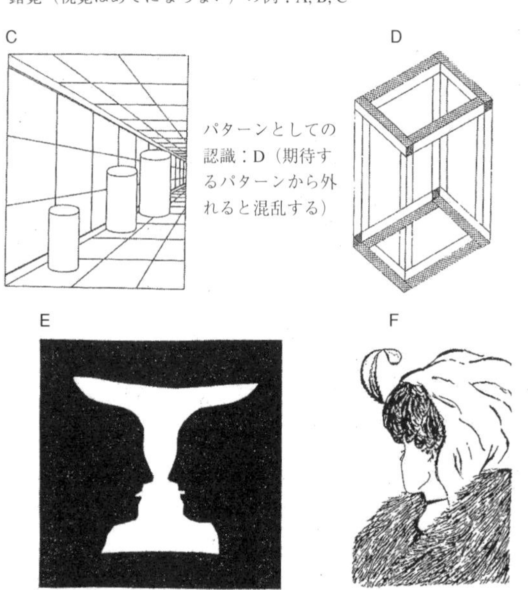

パターンとしての認識：D（期待するパターンから外れると混乱する）

D

E

F

認識するときの視点は欲張れない：E, F（いっぺんに2つの見方はできない）

G

H

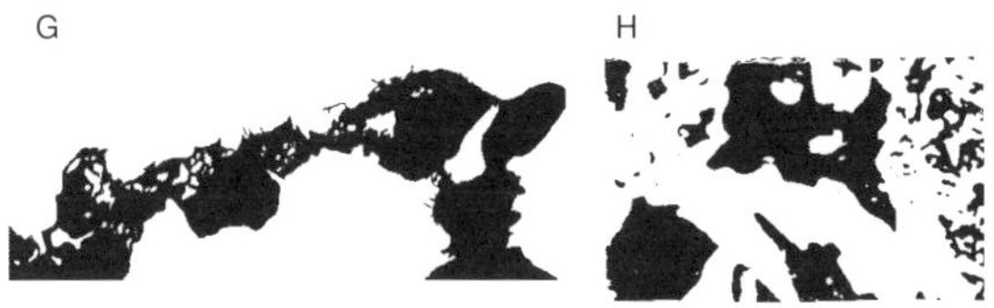

いったん獲得されたパターン，視点（認識の枠組み）からは逃れられない：G, H

A，B，C は錯覚の例です。A のセンスの上に描かれた，右半分が少し潰れて見える円は実は真円です。B の４本の線のうち，内側の２本の真ん中が膨らんで見えますが実は４本とも平行なのです。C の廊下にある３つの円柱が手前から低い順に奥に向かって並んで立っているように見えますが，この３つの高さは同じです。この A，B，C は，観察対象の真の状態が，その周囲の状況のあり方や作用の仕方でそのように観察されない場合がある，という例です。

D は，４角の木枠が実際にはありえない形で描かれています。そのことによって，奇妙な感じがするとともに，対象の状態が期待したパターンから外れると観察者が混乱して対象が何であるかとらえられなくなります。E は，白抜きの所に注目すると何かの祭壇に置く杯に見え，黒地に集中すると女性が対面しているように見えます。しかし，それらを全く同時にそのように認識してはいません。F も同じで，あごの長い老婦人が襟巻に顎をうずめているようにも見えますが，視点を変えれば羽飾りをつけた若い女性が自分から見て右の方を向いたときの横顔に見えます。つまり，視点は欲ばれない，同時に２つの見方をすることはできない，ということです。

G と H はたいていの場合，最初に見た時は意味のわからない黒白の模様にしか見えません。しかし，G は瀬戸内海の地図だと言われたら，２回目以降はそれ以外のものが見えません。H は少し難しいのですが，これはイエスが厳（おごそ）かに前を向いて立っている所の上半身だと言われれば，少なくともキリスト教の知識のある人には２度目からはそのようにしか見えなくなるはずです。

では，このことは何を示唆しているのでしょうか。

見たものが何であるかがわかるには

これまでの話で，科学的認識の出発点，すなわち対象を理解し説明するための最初の仮説は，実験や観察によって得られた事実（fact）をもとにした「帰納」という操作によって導かれるという点は，ある程度納得できたことと思います。しかし，一見当たり前に見えるこの出発点には，少し考えるとかなりやっかいな問題が含まれていることがわかります。上に「私たちは本当に“事実をありのままに見る”ことができているのでしょうか？」という問いかけとともに，私たちの「観察」の頼りなさについての有名なだまし絵を紹介しました。そこでは，①中立的に見ることは難しい，②単に「見える」ことと，パターンとして対象を認識することで「理解する」ということは違う，③いったん確立した視点からは逃れられない，④ものを見る視点は同時には１つに限られるなどという点が，その“頼りなさ”の例として挙げられました。そして，これらから実際には，観察の対象が「何であるかがわかる」には，“中立的・機械的な観察”に加えて，対象についての何らかの視点，予備知識，認識のための枠組み，あるいは「理論」を必要とする，ということが導かれました。これを専門家は「観察の理論負荷性」と呼びます。

要約すれば，科学的認識手続きの出発点である事実や現象の観察はどこまで中立的で信用できるのか，という問題になります。しかし，帰納法が有用であるとは誰もが感じているにもかかわらず，なぜこうした問いかけがなされるのでしょうか？

認識の手続きに即して考える前に，その哲学的・思想史的・科学史的背景を簡単に確認しておきましょう。

人間中心主義と帰納法の限界

そもそも，人間の理性や合理性を基礎とした近代の認識論は，ルネサンス以降の，人間の外にあるイデアや神の視点からではなく，人間自身の側からの視点への転換が契機となって発展したと言えます。ルネサンス期に登場した，遠近法がその典型です。完全なイデアに似たものを探したり作ったりするのではなく，自分たちが対象をどう見るのかが，芸術のテーマに変わったのです。自然科学でも同じです。17世紀を中心としたベーコンやデカルトやニュートンといった知の巨人たちによって，彼ら自身の信仰のあり方とは区別された，人間による対象の経験的・合理的認識の方法が確立されていったわけです。それによってヨーロッパのルネサンスを出発点として啓蒙期以降，物理学を中心に自然科学の爆発的発展を見ました。しかし，そうした，いわば人間中心の近代的認識が徹底されることになると，逆に“自分たちにはどう見えるのか”“自分がどう感じるか”という主観性の契機が重視されることになりました。「理性は感情の束である」と言った18世紀スコットランド人，ヒューム（David Hume: 1711–1776）を忘れることはできません。

ヒューム

先に示した「科学の基本ルール」に戻れば，ヒュームは「帰納（法）」はどこまで「客観的」な認識の手段として頼ることができるのか，それが本当に普遍的な一般法則を導くことができる方法なのか，ということを『人間本性主義』（1739–40）や『人間知性論』（1747）などで問題にしました。彼はそれを，「帰納的推論はどのように正当化できるのか」という形で問いかけました。彼が示した帰納法の最大の問題点は，観察や経験による検証は“どこまで行ってもキリがない”という点です。19 世紀には，J. S. ミルは H. シジウィック（H. Sidgwick: 1838–1900）などがこの問題を探求しました。シジウィックは著名な功利主義者であり，ミルは経済学者でもありました。

検証主義・確証主義とは

現代の科学哲学はこの問題に対して，“理論はどのようにして確かめられたとみなされるのか”という問いを立て，以下のような模索をしてきました。それぞれの考え方を示します。まず検証主義です。

> **検証主義（verification）**：ある仮説から論理的に導き出された結論を，事実の観察や実験の結果と照らし合せて，その仮説の真偽を確かめること。（パソコンでファイルを別のメディアにコピーするときのオプションに「verify」がありました。）

これは，極めて標準的なアプローチです。しかし，いくら対象についての実験や観察を繰り返しても無限には続けられないから，結局，原理的にはどこまで行っても理論（仮説・命題）の「真」が保証できないことになります。つまり，ヒュームが 300 年前に言った帰納法の限界を超えられていないのです。そしてそうであるなら，観察と帰納によっては，物事の原因と結果の因果関係は客観的なものではなく，A が起きたら次に B が起きたということを何度も見たことは，私たちの心の習慣にすぎないともヒュームは考えました。なかなか慧眼です。実は現在でも，経済現象のデータを分析するときに，ある 2 つの現象のあいだに相関関係があるようだと推測できても，どちらが原因でどちらが結果であることを認定するのはそう簡単ではないのです。

ともあれ，「検証」では不十分なら次は「確証」で行こうということになったのですが，これも極めて自然な流れと言えます。

確証主義（confirmation）：検証が蓄積されていくほど理論の真「らしさ」の程度が高まっていくという，統計的，確率論的な立場。

これは，検証をできる限り繰り返して行けば確証は「完全な帰納」に近似してゆくとする考え方です。たとえば，「すべてのカラスは黒い」の対偶である「ある黒くないものはカラスでない」という事例を蓄積すればするほど，もとの命題の確証の度合いは高まるので，現実的にはこれで十分であると考えるわけです。こうした統計的，確率論的考え方は実は現代の科学哲学者が初めて言いだしたわけではなく，経験論の国イギリスではヒュームより前に神学者・ジョゼフ・バトラー（Joseph Butler: 1692–1752）よって「蓋然性」（probability）論として端緒的に示されていました。確かに，経験論者なら誰もが考えつくような“逃げ道”であると思います。なお，probable の第1の同意語は likelihood で，これは“ありそうなこと”，“公算が大”という意味です。どんなに小さくても可能性があるという possible とは違うことに注意して下さい。これはケインズの *'Tretise of Probability'* という論考の内容理解にかかわります。主観確立のベイズ（T. Bayes: 1701–61）の登場もこの頃です。

さて，カラスに戻りましょう。事例を蓄積するとは言っても，「黒くないもの」全体の数と「カラス」の総数には極めて大きな違いがあります。つまり，いくら対偶を繰り返し検証したからと言って，それが直ちに膨大な数の母集団を対象とした元の命題の真「らしさ」を確かにする（confirm）とみなしていいのでしょうか。

要するに，有限な経験の範囲ではあらゆる理論が「科学的」ではあり得なくなってしまう！ あるいは，理論・仮説の最初の出発点（データからの帰納）や仮説·理論自体の検証がブラック·ボックスのままになってしまいそうです。さあ，どうするか？！

「反証可能性」（K. ポパー）による暫定的解決

これまでの話の中で浮かび上がってきたのは，科学的認識の出発点である「帰納法」には，“どこまで行ってもキリがない”という問題でした。言いかえれば，理論は経験によって検証されなければならない，という立場はどこまで信用していいのかという問題です。それに加えて，先に紹介した「瀬戸内海の地図」や「厳かに立つイエス」の例が示すように，観察の対象が「何であるかがわかる」には“中立的・機械的な観察”に加えて，対象についての何らかの予備知識，認識のための枠組み，あるいは「理論」が伴っている必要がある（観察の理論負荷性）ということでした。

これに対して K. ポパー（Karl Popper: 1902–1994）は，次のような提案をしました。それは，理論がどこから来るのかをいったん棚上げにした上で，「確証」が不十分であることを言う「検証と反証の非対称性」に着目し，逆にそれ利用して，経験（実験）によって否定される可能性（「反証可能性」）がある理論や仮説，命題だけが科学であると見なそう，という主張です。つまり，経験による検証がいくらなされても仮説が「いつも正しい」とは言えない（必要条件ではあるが十分条件ではない）にしても，逆に，経験的命題を否定する検証結果（反証）が１つでもあれば，元の命題を否定できることを強調しました。言いかえれば，反証されない限り，その理論や仮説を「科学」として暫定的に受け入れよう，というのがポパーの提案と言うことになります。彼の立場では，“推測と反駁という試行錯誤の過程のみが科学的”となります。まとめてみます。

ポパー

反証可能性（falsifiability）：ポパーが科学と非科学との境界基準としてあげた特性。科学理論は常に反証に対し開かれた暫定的仮説としての性格をもち，反証不可能な非科学（ドグマ）と区別されるというもの。（『広辞苑』第５版）

反証主義（falsification）：仮説から導かれる経験的テスト可能な命題を検証に付して，その命題が検証の結果に合致しない場合に元の仮説を「偽」として棄却すること。

例として，「すべてのカラスは黄色い」という一般命題は科学的言明か，ということを考えてみましょう。一見すると“そんなバカな”，科学的でないに決まっていると答えるかもしれません。しかし，これはポパーによれば科学的言明です。なぜなら，黄色でないカラスを１羽でも見つければ反証できるからです。逆に，「あるカラスは黄色い」という個別的言明は検証が難しく実際，どこかにいるかもしれません。また，私は幽霊を見たから幽霊は実在するという言明は反証できません。つまり，ポパーは何が科学で何が科学ではないのかの線引きを巧妙にすることで，科学的な探求を思い込みや迷信などから擁護する役割も果たしたと言えます。

こうしてポパーは，第1に，反証可能性という概念を導入することで，「科学」と「非科学」（ないし疑似科学）とを区別しました。これは，理論は単なる頭の中の「約束」や道具に過ぎないという約束主義や道具主義とは一線を画すことになります。また第2に，実は，ポパーは逆に「科学的でないもの」も現実世界において思想的，宗教的，文化的な機能を果たしているとして，それらの意義をいっさい認めない論理実証主義とは距離を置きました。

論理実証主義（logical positivism）：20世紀前半の哲学史の中で，特に科学哲学，言語哲学において重要な役割を果たした思想ないし運動。論理経験主義（logical empiricism），科学経験主義とも言う。認識の根拠は経験による検証であり，命題の意味とはその検証の方法にほかならない。したがって検証不可能な形而上学の命題は無意味であると主張。ラッセル，ヴィトゲンシュタイン，ウィーン学団。

（『ブリタニカ国際大百科事典』，Wikipedia など）

これらの主張は，以前に触れた，観察の対象を説明する「理論」とは何かを改めて問いかけています。また観察がどこまで信用できるかと言う問題とともに，次の問題も前に言及しました（以前言及したモデル・プラトン主義やペンローズのプラトン主義を思いだしてください）。

それは，対象（客体：object，ものであったり現象であったり）を観察して理解しようとする側（主体：subject）にとって，観察の結果導かれる仮説（たとえば「理論」）と対象（現実）との関係をどのように捉えるかという，かなり本質的な問題でした。言いかえると，理論に描かれる「法則」は，現実の対象の中に実在していると考えるか，「法則」なるものは文字通り単なる仮説であって，それ自体は現実世界と関係がないと考えるかに分かれる，と指摘した点です。

高校までの「科学」では，あるいは多くの現場の科学者は，物理の授業を思い起こせばわかるように，重力や電磁波についての法則群の実在性を疑うことはないと思います。しかし，最近亡くなった現代最高の理論物理学者と言われたホーキング博士による，実証主義についての見解は（198頁）別の，次の発言を見てください。

> 「科学理論とは，私たちが観測するものを説明する一つの数学モデルなのです。それは私たちの頭の中だけに存在し，何を意味するにせよ，それ以上の実体ではありません。……このような立場に立てば，実体に対する問いは何ら意味を持ちません。あり得べき問いとは，たとえば，観測結果を説明する [予測する] 数学的モデルを確かなものにするのに，「虚時間」が役に立つかどうかということだけです。」
>
> 『ホーキングの最新宇宙論：ブラックホールからベビーユニバースへ』（S.W. ホーキング，日本放送出版協会，1992年，102頁）

これは，皆さんのこれまでの科学理論に対する常識とはかなり異なっているとは言えないでしょうか？

なんだか科学理論とは随分と頼りないものに見えてこないでしょうか。

ところで，視点をかえて，科学の発展自体を歴史的に見てみると，ポパーが言うように検証は反証によって「理論」が健全にふさわしい形で発展してきたのか，展開しているのかが次に問題となります。これは「パラダイム論」の課題です。

第4章　経済学はどこまで科学か

パラダイム論・MSRP・知のアナーキズム

前章の反証主義までの話で，科学の中でベーコン主義が長い間支持されてきた理由が，科学と非科学を区別しようという姿勢（「イドラ」からの自由；偏見・先入観から逃れ観察された事実のみからの出発）にあったのと同様に，ポパーは「反証（可能性）」を基軸にした推測と反駁の試行錯誤の過程のみが科学の合理的な発展過程であると考えたことを紹介しました。

しかし，科学史家によれば実際の科学の歴史はそうした科学的方法の約束事を守った「合理的」なプロセスを経てはいません。現実には天動説から地動説への「コペルニクス革命」も，より整合的な新理論を支持する多くの観測データにもかかわらず，古い理論の頑強な抵抗にあって簡単には成就しませんでした。知識成長のこうした現実の状況を「パラダイム」と「通常科学」という概念を使って説明したのがクーン（T. Kuhn: 1922–1996）『科学革命の構造』（1962／訳 1971）です。

クーンによれば，①科学の歴史は必ずしも「偽」から「正」へと直線的に進んで行くものではない。②科学の変化は不連続でむしろ「革命」的な性格を持っている。③そうした変化には「集団としての科学者」の社会心理的要素の果たす役割が大きい。④ある特定の科学者集団はある「パラダイム」（世界観・方法・一般理論・応用テクニック）を共有している。⑤パラダイム内部では理論の前提は疑われず理論の精密化（「パズル解き活動」）が精力的に行われるが（「通常科学」），理論に適合しない観測結果が出てもそれを単なる「変則事例」(anomaly) とみなす，ということになります。ある1つのパラダイムは意外に「頑健」なのです。

つまり，支配的な科学理論に転換が起こったとすると，それは1つの科学者集団にパラダイム・チェンジが起こったことになります。それを「科学革命」と呼びます。では，なぜ革命なのでしょうか？ クーンによれば，第1に，このチェンジが始まる前には，パラダイム（「通常科学」）の危機があるからです。従来の理論では説明しきれない変則事例の蓄積という事実とそれに伴う科学者集団の動揺が危機にあたります。第2に，従来のパラダイムと新しい理論（最初は「異常科学」）との間には世界観や方法などに「共約不可能性」(incommensurability: 同一の基準では測れない性質）があるからです。したがって，パラダイム・チェンジは連続的，進化的ではなく不連続になります。第3に，こうしたチェンジを担うのは科学者集団であり，社会心理的で非合理的な要素を伴う「科学者集団の決断」によってパラダイム・チェンジが実現するからです。

この過程を，科学社会学者は次のような整理で補強的な説明

図II―4―1　サイエンティスト・ゲーム

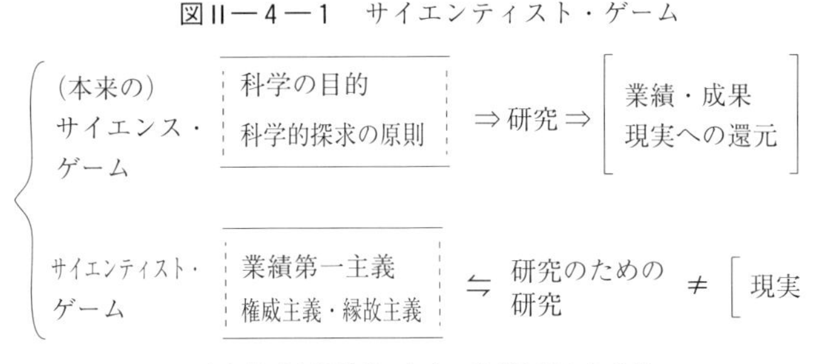

中丸茂「心理学者のための科学入門」を参考。

をします。現実には，「サイエンティスト・ゲーム」(「科学者の集団内部の勢力争い，権威主義，業績主義，真理探究から外れた形式的・技術的側面の自己目的化」) の要素が大きな役割を果たして来たし，果たしている，ということです（図Ⅱ―４―１)。

ラカトシュ（Imre Lakatosh: 1922–1974）は，パラダイムの代わりに「科学的研究計画の方法論」(Methodology of Scintific Research Programme: MSRP; 以下，研究計画と略称）を考え，これが次の２つの部分によって構成されると考えます。

①「堅固な核」(hard core)：研究プログラムの中心をなしている「思想」・「方法」・「理論」のことで，これらは反証不可能。プログラムの発展のための方法（「肯定的発見法」）と擁護する方法（「否定的発見法」）を指示する。

②「防護帯」(protective belt)：補助的な仮説や初期条件から成り観察可能な領域で，「反証例」があっても「肯定的発見法」により補助仮説や初期条件を変化させそれらを「消化」する。防護帯自体がこうして変化していくことで「堅固な核」は守られプログラムは生きのび，全体として科学の理論的な自律性が保たれる。

反証に対応する防護帯の内容が貧困化するとその研究プログラムが「退行的」であると判断され，より観察事実の説明力のある研究プログラムが登場すると，「堅固な核」を含めた古い研究プログラムが放棄されプログラム・チェンジが起こる，とされます。こうした捉え方は，ポパーの「推測と反駁」をクーンの議論を参考にしながら動態化したもの（馬渡，1990，334頁）と特徴づけられます。しかし，ラカトシュの主たる意図は，クーンの見解では科学革命は非合理的な群集心理の問題に還元されてしまうという批判に対応しつつ，より一般の人々の常識的な科学観に近づいて，“科学のプログラム・チェンジは長期的にはもっと合理的な過程のはずだ”と，主張したものと言えましょう。

ところが，こうした穏当な方向の議論に，ポール・ファイヤアーベント（P. Feyerabend: 1924–1994）は議論の過程で示された観察の理論負荷性や共約不可能性に徹底して依拠することで，「何でもあり」という，実在世界との対応より科学者の信念に基づく極端な相対主義，方法的多元主義的な科学観，“知のアナーキズム”を主張することになります（『方法への挑戦』1975／訳1986)。当然，それに対してやはり方法それ自体の合理的展開を主張するローダン（L. Laudan: 1941–)『科学は合理的に進歩する』(1978／訳1986）の反論が登場します。

科学とは何かに始まる科学哲学のこうした議論は，実はクーンからほぼこの50年，現在に至るまで，それほど進展を見せたとは言えません。そして，それらが果たしてどこまで社会科学の理論の展開にあてはまるのでしょうか。最初に述べたように，とりわけ経済学においては観察や検討の対象が人間および人間社会であることによって，自然科学の場合の議論とは大きく異なると推察されます。次節でこの点について簡単に触れておきましょう。

パラダイム論・MSRPを経済学の歴史に適用すると

これまでの議論の展開からすると，クーンやラカトシュの示したような内容でパラダイム論やMSRPが，経済学の歴史の解釈に目覚ましい貢献をしたり，経済学そのものの革新に建設的に寄与したとは思えません。というより，パラダイム論やMSRPはもともと自然科学の歴史的展開をモデルにして形成された科学論です。ですから，人間社会そのものを対象にしている経済学にそうそう簡単に適用できるはずもないのです。むしろ，そのことに経済学という学問の「科学性」についての手がかりがあると考えてよいでしょう。

このあたりのことは，すでに1980年代にアメリカで議論されつくされた感じがします。

わかりやすい典型的な解説はA. S. アイクナーの『経済学はなぜ科学ではないのか』（1986，原著1983）です。類書もよくでていましたが，それらの要点を自然科学と経済学の違いという視点からまとめてみると以下のようになるでしょう。

まず，「科学」とはこういうものだ，という評価基準です。

---

①科学は経験的に反証可能な命題によって構成される（実験や再現実験，追試験ができる）。

②その命題・理論はそれまで未知であった事実・現象を説明できる。

③その命題・理論は将来の事実・現象を予測できる（ニュートン力学による日食の予測などを思い出してください）。

④理論の予測と実際が比較されることで理論の有効性を評価できる。

もちろん，この背後に出発点としての帰納法があるわけです。おおよそ，自然科学の理論は上の①から④に沿って展開しているとされる反面で，それほど考えなくても，経済学はこれらの評価基準を満足してきたようには見えません。一見しただけで，

そうした科学理論や科学的仮設に対する評価基準を経済学には適用するのは難しそうに見えます。経済学での現実と理論の対応関係がいかにも「科学」の評価基準を満たしているようには思えません。

実際，1970年代にロンドンのラカトシュの同僚，S. ラトシスによって新古典派経済学の方法論の事例研究がフリードマンの方法と実証を素材にしてなされたことがあります。ラトシスの認定は新事実の予測には成功していない，フリードマンの道具主義的方法は本来の意味での科学とは言えないという厳しいものでした。反対に，R. E. ルーカスやフリードマン自身，R. バックハウスやM. ブラウグらのアメリカの経済理論史家は，雇用，拡張的通貨政策とインフレーションの相互関係に関するフリードマンの予測は成功していると見なしました。この当否はさておき，ここで見ておくべきことは，確かに，アメリカの新古典派経済学が，たとえば第8章「おカネ」で見た特定の貨幣観を持ったMSRPを共有する「科学者集団」を構成しているという事実でしょう。そして，それを含んだ新古典派経済学の方法が「科学」として妥当かどうかが問われたということです。

新古典派経済学のハード・コアとは：演繹はあるが帰納がない

では，現代の主流派にして正統派と言われる新古典派経済学のハードコア（反証不可能な思想や理論的前提）は何でしょうか。これは，標準的な教科書を何冊か見れば見当がつきます。それらから対応する主なものを列挙してみます。

・十分に大量の等質な経済人（ホモ・エコノミカス）の存在。

・経済主体としての個人や企業は効用最大化ないし利益の最大化が行動原理。
・最大化達成をめざす経済主体はそのための「合理性」をもった行動を行う。
・市場内の情報の伝達は一瞬でなされる。

そして，これらの前提のもとに構想されたのが今なお新古典派経済学の中核と言われている，限界革命を担った3人のうちの1人，L. ワルラス（Leon Warlas: 1834-1910）の一般均衡論です。ただし，ここでは均衡概念と不可分なセー法則も含めてこの中味については触れません。経済思想史的に重要なのは，すべての財がある価格体系のもとで需要と供給が一瞬で均衡するというワルラスの市場観，このとき貨幣は何の役割もはたしていませんが，この市場観はニュートン力学の空間と平衡概念そのものであるということです。ワルラスの経済思想史的研究でも，ワルラスにとってルイ・ポワンソーの『静力学要論』（*Elements de Statique*, 1803）こそ市場と均衡のアイディアの源であること，数学的展開にかかわって数学者ポアンカレとの文通も大きな役割を果たしたこと，最晩年にも「経済学と力学」（1909）という論文を書いていることはよく知られています。これらも，一般均衡論とニュートン力学との親和性を示す傍証と言えます。

この市場のイメージは，現在の新古典派経済学の研究者に強くイメージとして刷り込まれていると言ってよいでしょう。常に均衡に向かうべく完璧に機能する摩擦のない調和したイデアの世界としての市場とは，MSRP で言えば宗教的信念に近いハードコアです。モデル・プラトン主義です。そこを出発点にして演繹的に論理的に正しく展開される理論形成は，「演繹」の推論過程そのものです。前に示した「科学の基本ルール」(211頁)で言えば，出発点である実験と観察による「帰納」がないか，極めて軽視されています。その意味では，新古典派経済学，限界革命から20世紀全般の主流派の経済学は方法論的には「科学」ではなかったと言ってよいでしょう。70年ほど前のフリードマンへ批判は，そのことへの問いかけだったのだと思います。その後のミクロ理論の展開は，特定のサイエンティスト集団による“パズル解き”であったというネガティヴな評価にもつながります。

ニュートン力学の援用はスミスから

皮肉なことに，新古典派経済学の源の1つであるスミスの経済学は，方法論的にはすでに示したように，極めて自覚的にニュートン力学の援用がベースになっています。図Ⅱ—4—2を見てください。

スミスだけではありません。宗教的アプローチではなく「科学的」に人間社会の分析を試みようとした啓蒙期以降の知識人たちは，自然と宇宙に対するニュートンの成功をモデルにそれを社会に適用しようと強く願っていたのは事実です。以下，それぞれ有名な言明を紹介しておきます。

コンドルセ（1743–1825）は，「ある観察者にとっては物理現象も社会現象も同じ様相を取って現れるであろう」とか，「道徳科学の中に自然科学の哲学と方法を導入しよう」と言っていました。

サン・シモン（1760–1825）は，「ニュートン会議」という名の組織を作り，その活動資金のための募金活動までしていたのは有名な話です。彼は，「万有引力は余がそれに世界を従わせた唯一の法則」と言い，社会現象にも万有引力の法則を適用しよう

図Ⅱ—4—2　ニュートン的世界，スミス的世界

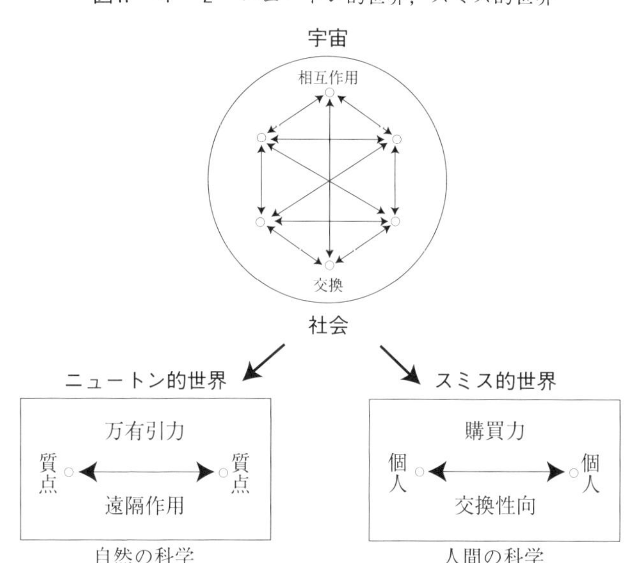

（有江大介『労働と正義：その経済学史的検討』より）

と考えたと言えます。

フーリエ（1772-1837）は，「情念引力」というタームで有名です。物質の中に万有引力が働くように，人間社会には「情念引力」が働くととらえ，物質界と精神界を１つの法則，１つの理念によって統一できると考えていたようです。

「近代統計学の父」と言われるケトレー（1796-1874）は重要です。彼は，『人間とその諸能力の発達について，もしくは社会物理学試論』（1835）という本を書いています。そこでは，個人個人の行動を追うことはできなくても，多数の人が集まれば全体として従う何らかの法則が存在する。この法則を解明すれば「社

会科学も精密科学の仲間入りができる」と強い“科学指向”をその方法とともに提示しています。有名なのは，ある社会の人を何らかの尺度で並べた時に正規分布の中心に位置する人間を「平均人」とした概念です。また，晩年には『社会物理学』*La physique sociale*（1869）という名の著書まで出しています。前に紹介した「経済物理」という発想はすでに150年前にあったのです。

以上だけ見ても，社会についての探求を「科学」にしようとした時，どれだけニュートン力学の影響が大きかったかがわかります。ただ，経済学の場合に戻ってみた時，市場の分析や特に貨幣数量説を考えた時に，どの程度まで物理学あるいは熱力学の方法を適用してよいのかということには，当時の学者も現代の学者もそれほど気にしていないよう思えます。1例を挙げれば，日本の人口数は1.2×10の8乗です。気体の分子の数は，あのアヴォガドロ数で6×10の23乗です。この膨大なスケールの差は無視していいのでしょうか。フィッシャーの交換方程式と熱力学のボイル＝シャルルの法則はまったく同じです。ここではこれだけにとどめておきます。

この節は，「皮肉なことに」で始めました。経済学の創設者たちはPolitical Economyを「科学」にしようとニュートンに依拠しました。ところが，対象が自然と人間社会の違いと言ってはそれまでですが，結果的に，より少ない疑い難い単純な前提から論理的・合理的で段階的な推論によって個々の事例に至るという，「演繹」的方法のみが肥大化してしまったのが現代の新古典派経済学のように見えます。「帰納」はどこへ行ってしまったのでしょうか。これでようやく現代の経済学にたどり着きます。

ゲーム理論や実験経済学の登場は何を意味しているのか：科学になりたい！

これまでの議論の流れからすれば，実験経済学や行動経済学の登場は，主流派の新古典派経済学が軽視していた「帰納」の部分にようやく手を付け始めたことを示唆しているのだと思います。

皆さんも，ミクロ経済学の授業で効用関数を習ったと思います。U（x, y）などと書いてあります。そして消費者が予算の制約のもとでこの効用関数を最大化するよう行動する，とあったと思います。でも，これは「仮定」しているだけです。その上で消費行動から制度のデザインまで，あるいはゲーム理論の戦略分析まで非常に精緻な「理論」ないし「仮説」が練り上げられます。しかし，出発点の仮定はどこでも「反証」どころか「検証」も「確証」も行われていません。その結果，“人々が理論通りに動いていない”と驚いたりするわけです。

ミクロ経済学に比べれば，データから出発するマクロ経済学の方が「科学的」に見えます。しかし，そのマクロ経済学でも，1980年代以降の「合理的期待形成」論の登場によってワルラシアン的な均衡概念に侵食され，社会の経済全体で見た場合，総需要との総供給が均衡では定義的に一致するという，セー法則を前提する論理構成になっています。有名な岩井克人『不均衡動学の理論』（1987）では，たとえば価格が硬直的であることが多い現実の市場での均衡の実現は，現実的には限りなくゼロに近いと主張しました。経済思想史的には極めてまっとうで自然な提起も，新古典派経済学のハード・コアにあたる均衡へのある種の“理論信仰”の強さのために，現在でもその“不均衡論”は旗色が悪いようです。

ゲーム理論は，より現実的な個人の経済行動から出発するという「帰納」的側面を持っている点で，ミクロ経済学の価格理論よりも一見科学的に見えます。この 70 年ほどの間に大発展しました。皆さんも「ナッシュ均衡」そのもっとも有名な例である「囚人のジレンマ」などを聞いたことがあると思います。それらの中味は山のように出ている解説書を読んでください。あと，ノイマン＝モルゲンシュテルン『ゲームの理論と経済行動』（1944）を覚えておけばいいでしょう。経済思想史からすれば，なぜそうなったのかはさておき，やはり気になるのは「均衡」概念です。均衡でいけるんでしょうか。

「ナッシュ均衡」とは，色々な説明を要約すれば，ある状況であるルールのもとにそこに参加しているプレーヤー全員がそれぞれにとって最適の戦略（自分の期待効用を最大化する）を合理的に選択して，もうある状態以上に自分たちの戦略を変更する余地がなくなった，安定的な状態に帰着するような戦略の組み合わせのことだと思います。

つまり，それ以上動きようのない「均衡」に達したとして，それが実は社会全体の利益の最大化にはならないということになります。とにかく，そうなっているんです。どうも，だまされたような感じがします。自分の利益を合理的に最大にするような個人ばかりでは，現実の人類史の中で，スミスが描いたような，分業や時に構成員の自己犠牲の可能性まで含んだ 1 つのリアルな社会の成立を説明できないのではないかと思います。

ということで，たとえば，近年発達したと言われる進化ゲーム理論では，社会のさまざまな制度や慣習や規範の形成を説明しようとしています。先駆者と言われた T. C. シェリング によれば，紛争を調停して安定的な制度を作ろうとする場合，罰則や報復などの「脅し」が主要な役割を果たす，などという例を出しています。しかし，これはベンサムが言っていたこととほとんど変わりません。

経済学は科学になれるか　経済工学への道？

上で言及したいずれの例も，結論までくると，哲学者や倫理学者がかなり昔に言っていたことだったり，相当に自明で世間知のレベルでもわかることを越えていないように見えます。とはいえ，これらの探求の過程でプレーヤーの合理性の程度を緩める「限定合理性」概念を導入したり，脳科学まで含めたより生身の人間行動から再出発して人の評価や人と人との関係を改めて表立った形で理論化しようという実験経済学や行動経済学が登場してきました。社会の制度や枠組みの説明を目指していて，これは極めて「帰納」的で本来の「科学」向かうまっとうな流れと思います。ビッグデータ解析も同じ方向と思います。問題は，均衡概念に象徴される新古典派ミクロ経済学のハード・コアにあたるようなさまざまな前提とどこまで整合させていくことができるのかということでしょう。これには悲観的です。また，示唆したように，そうした新たな帰納的な探求の結論がいつになったら自明な世間知のレベルを凌駕できるようになるのかも問われると思います。

最後に現代の経済学への経済思想史的検討からささやかな予想をしておきたいと思います。現在は経済学が本来の科学になる過渡期と思います。プラトン主義的なミクロ経済学は帰納の側面が希薄で科学への道が厳しいと思います。経済学が科学になるには，より現実的に，より具体的に関連諸科学との連携が求められると思います。そしてその先は，実験にしろビッグデータ解析にしろ相当に工学的な方向に向かうし，それが経済学が「科学」として生き残る道だと予想します。

もし，学生や社会人の方で経済学をもっと知りたい，あるいはその研究者になりたいと希望する方がおられましたら，次の助言をしてこの第Ⅱ部を終わりたいと思います。数学と統計学，特にベイズ統計学は必須です。そして，自分が経済学で何をやっているのかを常に自問してハッキリさせるためには，教養が必要ということです。歴史や哲学は重要なのです。

第Ⅲ部

翻訳学問・輸入学問
——日本の社会科学にどこまで独自性が？——

第Ⅲ部　翻訳学問・輸入学問
——日本の社会科学にどこまで独自性が？——

東南アジアや中東，アフリカからの留学生の多い，英語で教える国際プログラムを私は20年以上大学で担当してきました。定年退職後の今も，その「Japanese Culture and Society」という授業を非常勤講師として続けています。

その授業で以前から，日本に初めて来た留学生から次のような言葉をよく聞きます。「日本のテレビのコマーシャルには何であんなに沢山の欧米系の白人が出てくるのか？」と。確かに，シンガポールやジャカルタや香港でテレビを見ていても，そういう例の記憶はありません。なるほど，この事実は日本や日本人の欧米への見方のある側面をよく示しているように思えます。経済学も含めて日本の学問の特色を考えるとき，この側面を外すわけにはいきません。どういうことでしょうか。

「舶来」という言葉

今では廃れつつある言葉に「舶来」とか「舶来品」という言い方があります。辞書やWEBサイトで意味を見てみますと，“欧米から輸入された高価で高品質な品物”とまとめられるでしょう。なるほど，日本が1960年代の高度成長を経てGDPでも工業技術の面でも経済大国となる以前は，舶来品とは安くて低品質な国産品とは違った一流の高級品を意味していたのは確かです。皆さんの祖父母の世代の方々が，たとえば，「さすが舶来ウィスキーだ」というような言い方をしていなかったでしょうか。これは，進んだヨーロッパからのものをありがたがる典型的な例です。しかし，わが国ではどうしてこうなったのでしょうか。

すぐに思いつくのは，明治維新以降に，国策として推進された「富国強兵」をスローガンとする上からの近代化・産業化の歴史です。初期の段階から，文化史的には鹿鳴館時代に象徴される1880年代の欧化政策，思想史的には福沢諭吉の執筆とされる『脱亜論』(1885) などに見られる，後進国：アジアから脱却して先進国・文明国：欧米列強に加わるという強い指向性が見られました。とにかく欧米からの「舶来」にあこがれるという姿勢は，こうしたところから生まれたのではないでしょうか。

もっとも，律令制の8世紀ごろから長い間，アヘン戦争でイギリスに負けるころまでは中国が日本のモデルではあったのですから，外のものがよく見えるその対象が変わっただけかもしれません。とにかく，明治維新以降は西欧は“遅れた日本”が目指すべきモデルだったのです。現代でも，国内で販売する日本メーカーの車であっても，わずかな例外を除いてほとんど，日本名ではなく“横文字”の車名をつけていませんか。同じ車をヨーロッパで売る場合には「SAMURAI」とか「SHOGUN」という車名をつけていても，です。売られているそのほかの日用品でも同じような状況ではありませんか。これは今も続く日本人の「舶来」崇拝の現れなのです。

では，学問の領域ではどうなのでしょうか。このことにすぐに入る前に，特に日本ではどうしても触れておく必要がある問題があります。気づかれた方もあるかと思いますが，翻訳についてです。

翻訳という作業：天才的な西周

19世紀後半に国を開いた農業国・日本は，近代化・産業化を推進するためにはひたすら欧米の進んだ知識や技術を素早く取り入れる以外に手段はありませんでした。もちろん，そのための手段が「翻訳」です。皆さんは「明六社」の話を高校までの日本近代史の学習で聞いたことがあるはずです。

> **明六社**：明治初期の思想団体。1873年（明治6）森有礼の発起により，翌年，西村茂樹・西周・加藤弘之・福沢諭吉らを主要社員として成立。機関誌「明六雑誌」と公開講演によって欧米思想の紹介・普及に努めた。(『辞林21』)

明治初期から，明六社社員やそれ以外の幕末からの幕府の翻訳所出身者，あるいは新設された明治政府各省の御用掛（顧問）として雇用された多くの知識人たちの重要な役割が翻訳でした。それまでの日本には対応する言葉や概念が存在しなかった人文，社会，科学，技術などの各分野の西欧語の内容を理解するためには，とにかく新しい言葉を訳語として作る必要があったわけです。それを担ったのが幕末・明治初期の一群の知識人たちでした。特に，philosophyに「哲学」という漢字語を訳語としてあてたことで有名な西周の功績を忘れてはなりません。西は，実際，今でも普通に使われている現代日本語の学術用語の多くの訳語を作り上げました。このことについては，翻訳語に関連するたいていの本や論文に紹介されていますが，参考までに順不同にいくつか例を挙げておきましょう。

科学　技術　物理　化学　分解　帰納　演繹　定義　命題
論理学　知識　概念　意識　理性　心理学　積極　文学
自由　権利　政府　共和　福祉　……

何という素晴らしいというか驚くべき造語力でしょうか。西の造語した訳語をはじめ，日本生まれの漢字語の訳語は，漢字の本家の中国に逆輸出され学術分野を中心に現代中国語の中に融け込んでしまったことはよく知られています。とにかく，明治前期の知識人たちの努力によって，近代化のもとになる西欧の知識や技術が普通の国民に理解できる形で極東の島国に広く普及したのです。

学問の輸入と翻訳は：社会科学の場合

翻訳による新知識の普及ということが現実のものになるためには，当然にも，国民一般が字を読めなければなりません。多くの研究が示しているように，江戸時代末期の識字率は，武士はほぼ100%，庶民の成年男子は50%前後，女子は20%程度であったと言われています。ヴィクトリア時代ロンドンの下層階級の識字率は10%台であったことや，成人識字率が5割程度の発展途上国が現代でもまだ多い事実と比べると，幕末日本の数字は驚異的と言えます。就学率も，明治政府の学制発布（1873）による初等科設置以降の継続的な初等教育の充実化政策により，19世紀末には男児学童の識字率は9割を越え，女児も5割前後となりました。非西欧圏では例外的なこうした教育水準の高さによって，「翻訳」という1つの知的作業が，国民一般の幅広い新知識の獲得と知的水準の向上に寄与することになったのです。こうして，自国語のみによって最先端の知識や技術を学ぶことができるという，非西欧圏では例外的な道を日本は進むことになりました。それに加えて，人文・社会科学を考えた場合，上に紹介した西の訳語からだけでも推察できるように，さまざまな分野の入門書や代表的な著作の翻訳が早くから可能となり，不正確ではあってもある１つの学問領域を断片的ではない形で「輸入」することが可能となったのです。

経済学では，明治維新の前年（1867年：慶応３年）に江戸幕府の番所調所という翻訳を仕事にする部署にいた神田孝平（1830–98）が『経済小学』と題した日本最初の西欧経済学の翻訳書を刊行しています。これは，彼が以前からの蘭学の伝統の下，W. エリス（William Ellis）の *Outline of Social Economy*（第２版，1850）のオランダ語訳からの重訳です。これにより，神田はすでにあった「経世済民」からの「経済」を economy の訳語に確定させたという栄誉を得ました。しかし，幕末期から明治初期にかけて指導的な位置にいた知識人たちが重視したのはまずは法律書と政治学文献の輸入と翻訳でした。以下はその代表的なもの。

1868年『万国公法』（西周が中国語訳に訓点：Henry Wheaton, *Elements of International Law*, 1836）
　　『泰西国法論』（津田真道：ライデン大学 S. Vissering 講義・津田ノートの翻訳）
1871年『性法略』（神田孝平：　〃　）
1872年『自由之理』（中村正直：J.S.Mill, *On Liberty*）
1875年『代議政体』（永峰秀樹：J. S. Mill, *Considerations on Representative Government*）
1876年『民法論鋼』（何禮之：J. Bentham, *Principle of Civil Code*）

後発国として西欧先進国とどのような国際関係を結べばよいのか，そうした国々の政治体制や法律がどのようなものなのかという，当時の政治指導者や知識人たちの当然の関心を反映していると思います。近年の研究によれば，明治元（1868）年から15（1882）年までに政府各省と設立された大学・師範学校などに所蔵された人文社会系の輸入洋書（英・仏・独）の法学と，経済の内訳（うちわけ）からもそのことは裏付けられます。法律書は約5000タイトル10000冊なのに対して，経済書は約1800タイトル2000冊強であったということです（王斌「明治初期の西洋経済学書の導入」『英学史研究』48号，2015）。次にもう少し輸入経済学書について，この王氏の論文に即して紹介しておきましょう。

経済書の輸入と翻訳

王氏のデータは，日本経済思想史の大家・杉原四郎（1920-2009）が最初に紹介した『諸官廳所蔵洋書目録』（太政官記録課，1882）から明治最初の15年間について独自に集計したものです。この目録の「経済之部」によれば，総冊数は2170（うち英語書1394，仏語書567，独語書209）で，所蔵場所で冊数の上位3ヵ所は東京大学803（うち英語書735，仏語書65，独語書3），大蔵省294（うち英語書198，仏語書52，独語書44），東京外国語学校216（うち英語書8，仏語書152，独語書56）です。ちなみに東京高等師範学校は6位で所蔵114冊のすべてが英語書でした。

日本近代化のモデルがドイツに定まった明治14年の政変前の段階では，ヴィクトリア時代大英帝国の盛隆の影響のもと経済書の輸入はアメリカも含めて圧倒的に英語文献であったということです。

では，経済書はどうだったのでしょうか。王氏は大学図書館所蔵図書データベース等の現在把握できる大まかなデータとして，明治15年までの総出版数が9,000余，うち翻訳書が1800余と推計したうえで，経済書について本庄栄次郎『日本経済思想史概説』(1946) および杉原前掲書によるその訂正を踏まえて次のような翻訳経済書の数値を出しています。総タイトル106，総冊数110のうち，英国書43，米国書23，仏語書15，独語書5，その他24。

つまり，ここでも，明治初期の翻訳された輸入経済書は英語書が圧倒的であったことが窺われます。あわせて私たちが記憶すべきは，神田孝平の『経済小学』(1867) やその10数年後に出版された経済専門の用語辞書『初学経済論字引』(1879) に示されている経済関係の用語を見ると，現在でも使われている多くのものがすでに確定された専門用語として認知されていることです。王氏の提示したリストから順不同でいくつか紹介しておきましょう。

『経済小学』：地代，分業，交易，紙幣，為替，物価，租税，消費
『初学経済論字引』：経済学（原語ヲ「ポリチカルイコノミー」ト云フ），分配，報酬貨幣，蓄積，機械，管理，費用，利潤，購買，運輸，職業，支給，需要，供給

明治新政府樹立後のほぼ10年でこうした専門用語が普及するというのは驚くべきスピードと言わざるを得ません。もちろん，「経済学」に押しのけられた「理財学」のようにその後使われなくなった訳語もたくさんあります。代表例は資本の意味の「財本」(モトデナリ) です。これは「固定財本」(英語ニテ「フキツキスト

カピタル」）ともあり，その意味は正確につかみ取られています。中国では労働者の意味で使われた「工人」などもあります。

代表的な翻訳経済書

ここでは詳しく紹介できませんが，この点についての先行研究の調査から代表的なもの，興味深いものを何例か挙げておきます。ただし，明治期の翻訳のあり方として，抄訳，部分訳，あるいはかなり自由な紹介が多く，いわゆる完訳はあまりないといってよいでしょう。

F. ウェイランド（1796–1865）*The Elements of Political Economy*（1868）：福沢諭吉『西洋事情』第2編（1869）での紹介。以降，ウェイランドのものは何人かによって複数の翻訳が刊行。

J. S. ミル（1806–73）*Principles of Political Economy*：林薫・鈴木重孝訳『弥児経済論』（1875–1884）

M. G. フォーセット（1847–1929）*Political Economy for Biginners*, 2 ed.（1872）：林正明訳『経済入門』（1873）

M. G. フォーセット *Political Economy for Biginners*, Rev. & 4th ed.（1876）：永田健助訳『宝氏経済学』（1877）

T. R. マルサス（1766–1834）*An Essay on the Principle of Population*, 2 ed.（1803）：大島貞益訳『人口論要約』（1877）

これら以外にもかなりな数の経済書が翻訳・紹介されましたが，やはりイギリスのものが多いこと以外に，経済学が1つの体系的な学問として移植されたとは言い難いことを挙げておきましょう。また，当然にも，欧米経済学を咀嚼した上での日本独自の，江戸期とは異なる経済論は登場すべくもありませんでした。明治前半期のこうした状況について塚谷晃弘『近代日本

経済思想史研究』（1960）は，翻訳が「偶発的」で「恣意的」であり，多くは「入門書」，「通俗書」で経済思想の輸入は「体系的に行われなかった」と評定しています。それは，アダム・スミス『国富論』（1776）の最初の全訳が石川暎作と嵯峨正作によって完成するのが1888年，学術的には相当に信頼できる竹内謙二『全訳国富論』の出版がようやく1923年であったことにも現れています。最も体系的な古典派経済学の代表的なテキストと言われるD. リカードゥ『経済学と課税の原理』（1817）の小泉信三による最初の完訳に至っては1933年，昭和8年になっての刊行でした。

竹内の『全訳国富論』が完成した1923年は，アダム・スミス（1723–1790）の生誕200年にあたりました。この時，東京帝国大学，京都帝国大学，東京商科大学（1949年以降一橋大学），慶應義塾大学ほかいくつかの私立大学では，生誕200年の記念行事を開催しました。このころの各大学経済学部の紀要（スタッフの論文などを掲載する学術雑誌）には，スミスの『国富論』に関する論文が数多く執筆されていました。それに加えて当時の代表的な起業家・渋沢栄一（1840–1931）も民間の『東京経済雑誌』23号（1923年7月）にスミスを讃える書簡を出しています。このころまでにスミスは，“経済学の父”としてのイメージが確立していたというわけです。

経済思想史から見ると：日本におけるスミスとマルクスの並立

一方，19世紀から20世紀への世紀転換期から第1次世界大戦前後に至る時期の日本社会は，貧富の格差が拡大し社会問題が大きく影を落とし労働組合運動が政府の弾圧に対抗しながら興隆しました。横山源之助『日本之下層社会』（1899）に始まり，河上肇『貧乏物語』（1917）に至るまで，そうした状況を反映した社会批判の著作が出版され広く読まれたのもこのころでした。そして，K. マルクスの『資本論』最初の完訳が高畠素之によって 1924 年に刊行されました。つまり，1920 年代に入るころには，現代の正統と言われる新古典派経済学につながる古典派経済学の祖であるアダム・スミスと，それに相対立する非正統的経済学の代表であるマルクスとがわが国においてその代表作がほぼ同時に読書に耐える形で並立して完訳されたのです。現代にまでつながる，わが国の経済学の大きな 2 つの流れの源がそろったわけです。また，この時期，帝国大学，公私立大学で経済学部が独立し，それにともなって高商も含めてそれらが刊行主体となった学術機関誌が創刊され，いわゆるアカデミズム経済学の世界が成立したことも忘れてはなりません。

実際，この 2 大潮流の間では，そうした学術雑誌，地歩を固めた総合雑誌『改造』や社会主義系雑誌『社会問題研究』などを舞台にさまざまな課題について論争が華々しく行われました。その代表が福田徳三（1874–1930）と河上肇（1879–1946）でした。

大正期（1911–25）日本の経済思想史：福田徳三と河上肇

福田はドイツ留学中（1898–1901）にカール・ビュッヒャーやルヨ・ブレンターノの指導を受けることでドイツ歴史学派の方法をその後の経済史や政策研究に関してはとりました。同時に A. マーシャルの *Principles of Economics*（1st, 1890）を自分の授業のテキストとするなど，彼の経済学の基本理念や方法はケンブリッジの新古典派的であったといえます。その一方で福田は，ワルラス，パレート，エッジワースなどの限界理論の数学的な彫琢にも期待していたことはよく知られています。しかし，本人は，そうした数理的展開ではなく，ホブソンの新自由主義やピグーの厚生経済学の影響をより強く受け，遺著となったのが代表作『厚生経済研究』（1930）でした。社会主義者とは異なり，福田は当時の日本が直面した社会問題や労働問題に対してはあくまでも政府による経済政策としての社会政策による解決を主張しました。

一方，オーストリア学派の方法をまとめた処女作『経済学上之根本観念』（1905）から出発した河上は，現実の日本社会の困難の観察とそれに対処すべき経済学の方法についての探求を経てマルクス主義に到達しました。その立場から，資本主義における資本蓄積と労働生産力の発展との「衝突」という基本的歴史観に基づく現状批判と，そのような体制としての資本主義を擁護する“ブルジョア経済学”との論争を繰り広げました。その最大の論敵が福田徳三であったわけです。河上は1913年から2年間にわたってフランス，ドイツ，そしてイギリスを遊学する機会に恵まれました。そこで第1次大戦（1914–18）に至るヨーロッパ社会の諸問題をつぶさに観察することで，資本主義批判の姿勢を強めたようです（河上『祖国を顧みて――西欧紀行』岩波文庫，2002）。

一橋大学附属図書館企画展示「福田徳三とその時代」（2008）は，福田と河上の間で戦わされた「論争」を次の7つにまとめています（www.hit-u.ac.jp/tenji/kikaku/2008/index.html）。

①「米穀・外米輸入税・自作農減少論」論争（1905）

②「通貨の膨張と生活難」論争（1913）

③「utilityの訳語」論争（1913）

④「社会民主主義」論争（1919）

⑤「マルクス『賃労働と資本』の原本」論争（1919）
⑥「資本増殖の理法」論争（1921）
⑦「マルクス『資本論』」論争（1927）です。

ここからうかがえることは，現在では想像するのも難しいでしょうが，マルクスの影響が極めて大きかったということです。特に，1920年代に『資本論』が完訳されて以降は，マルクス経済学の内部においても『資本論』解釈をめぐる論争が華々しく展開しました。ここでは紹介できませんが，その特色だけを記しておきたいと思います。結論的に言えば，そうした論争はドイツ語圏での諸家の議論に直接依拠した「二番せんじ」であり「ヨーロッパのそれの再版」の域を出なかったということです（長幸男「戦間期の経済思想――2つの論争――」1984）。つまり，ここで言いたいことは，上のような「論争」の場合でも実は西欧の権威に頼った“翻訳”によって“輸入”された代理戦争の域を出なかったのではないか，ということです。

この点は第2次世界大戦後ではどうだったのでしょうか，次に，「大塚史学」と呼ばれた西洋経済史研究の1つの方法を提示した西洋経済史家・大塚久雄（1907–96）と，スミスとマルクスを基軸にわが国の経済思想史研究に大きな足跡を残した経済思想史家・内田義彦（1913–89）について考えてみたいと思います。

第2次大戦後思想史にみる西欧拝跪：大塚久雄の場合

1960年代の学生運動の中で歌われていた替え歌を集めた，『戯歌番外地』（三一新書，1970）という本があります。その中に，童謡「お馬の親子」のメロディーで歌う次の替え歌があります。「大塚おやじはホッチキスおやじ，マルクスはさんでマックス，マックス綴じる」というものです。

なかなかよくできていると思いませんか。大塚史学にはいくつかのキーワードがあります。共同体の解体，局地的市場圏の成立，一物一価の法則，私的個人の登場，近代市民社会の成立，中産的生産者層の上昇転化，産業資本などです。このうち，西欧近代資本主義の成立を担った中核が，初期独占や商業資本ではなく新たな支配的資本としての産業資本とみるところに，大塚のマルクス『資本論』からの影響を確かに見ることができます。

また，解体した共同体から経済的競争の渦中に放逐された私的個人が，強固な自立的個人として立ち現れるところにマックス・ウェーバー『プロテスタンティズムの倫理と資本主義の精神』の援用が見て取れます。つまり，まず，プロテスタントにおいて，“ただ聖書のみ”，“ただ信仰のみ”のスローガンのもとに，身分や職種を問わず神によって与えられた「天職」(Beruf)を誠心誠意果たすことが，結果として世俗的職業労働に節約と禁欲を旨（むね）とする経済的合理主義をもたらします。それが合理的・市民的な経営と合理的な労働組織を生み出すことになり，そこで形成された「資本主義の精神」が禁欲から出発したにもかかわらず“意図せざる帰結”として資本蓄積をもたらすという流れです。大塚はこの視点からイギリスにおける産業資本の確立過程を見ていったわけです。説得力があり評価もされました。詳しくは関連の文献を読んでみてください。

しかし，このまことに見事な咀嚼（そしゃく）と受容の仕方と言うべき大塚の業績も，この第Ⅲ部の翻訳学問，輸入学問という視点からすると，やはりぬぐい難い“西欧中心主義”の影を見ないわけにはいきません。ウェーバー自身，資本主義を考える時に「もっぱら西ヨーロッパおよびアメリカの資本主義」を念頭に置いていると自分で言っています。それ以前の資本主義的な経済，それ以外のものは投機的·冒険商人的な「賤民資本主義」というわけです。しかし，本当に西欧の「近代資本主義」は，欧米人の禁欲的な自己努力の結果成立したのでしょうか。そんなことはありません。ここでは繰り返しませんので，第7章「グローバリゼーション」を見てください。

もう1つ，大塚にある“欧米モデル主義”ともいえる視点に触れておきます。それは，彼の研究と不可分に結びついていると思われる彼自身の信仰に関する問題です。この点について大塚は『社会科学と信仰と』(1994) という本を書いています。それに即して以下，コメントしておきます。

当然にも，西欧市民社会をモデルと考える大塚は，それを基礎づけているのはプロテスタンティズムの信仰であると考えています。その視点から，そうした信仰がないために，個人が確立せず日本がいまだに“遅れたアジア”にあって近代市民社会を形づくることができていないと考えるのです。

「日本の伝統的な多神教，八百万の神々にお賽銭をあげて御利益を祈る習慣は，信仰というよりお金で救いを買おうとする取引であり，商売であって，イエスはそれをしてはいけないと命じられた」と大塚は言います。確かに，「商人が罪なくあることはほとんどない」とルターも言っています。ウェーバーの評価とは裏腹に，商業取引に対する本質的な罪悪視が見て取れませんか。しかし，『聖書』を読む限り，人と神の契約も取引なのではないでしょうか。また，日本の伝統はすべて廃棄すべきものなのでしょうか，あるいは，“御利益宗教”は宗教の範疇に入らないのでしょうか。

また，大塚はこの本で次のようにも言っています。「日本の民衆の意識が根本から変わらないといけないんじゃないか。私はそう思います。実は私，そういう所に，今の日本文化の根本的な問題の1つがあるんじゃないかと考えています」と。

この極めて率直な表明には，いわば普遍宗教の高みから一般民衆を立派な人格者に善導しようとするパターナリズムがあふれてはいないでしょうか。もちろん，こうした姿勢でキリスト教が日本に広まり，人々がプロテスタントになって行くとは思えません。また，そもそも，現代の西欧文化に「根本的な問題」はどこにも存在しないといえるのでしょうか。

ここにも，時に反発もあるものの，明治以降の日本知識人にしばしば見られる西欧思想・欧米文化への憧憬と拝跪を感じませんか。大塚史学の内容と影響を考える時，こうした部分への問いかけも必要なのではと思います。

第2次大戦後の経済思想史：内田義彦のマルクス・バイアス

内田のことを考える時，間接的ではありますが次の側面から見てみたいと思います。それは東京大学経済学部が所蔵する300冊余の「アダム・スミス文庫」です。これは新渡戸稲造（1862–1933）が1920年に，前年4月に東京帝国大学法科大学から独立した経済学部を祝賀して，新学部に寄贈したものです。スミス自身が生前に所蔵していたライブラリーの1割弱にあたります。

ところで，この東大「アダム・スミス文庫」については，経済学部創立30年記念出版として通称『矢内原カタログ』と呼ばれる英文カタログが1951年に岩波書店から出版されました。しかし，これ以降，70年近く「文庫」はいわば，忘れられた「宝物」として経済学部資料室の片隅に埋もれたままになっていました。

この事について次に簡単に言及しておきます。

忘れられた最大の理由は，この「文庫」に経済書がほとんど含まれていないことだと思います。そのかわり，哲学，歴史，地理，文学など極めて多方面の文献が存在し，特にイタリアの叙事詩関連文献の多いことが目を惹きます。『矢内原カタログ』の編者・矢内原忠雄自身はあるところで次のようにこの「文庫」について述べています。「生物学・医学等に関する書物がスミスの蔵書のうちに多く，彼が自然科学に興味をもったことは，彼の学風と思想，ひいては第18世紀の思想を理解する上において注目さるべき事実」であると。このこと自身は18世紀の思想家スミスを考えるうえで重要な示唆を与えていることをここでは指摘するにとどめます。

もう1つ，世俗的な理由があると思います。それは東大経済学部の経済学史の講義が1952年に舞出長五郎退官以降は，『重農主義分析』（1958）の業績があるとはいえ,経済政策担当となった横山正彦によってなされ，1978年の横山退官後は学内外の関連分野教員の輪番によってなされる体制が40年ほど続いたことです。「宝物」が忘れられる要因の1つと言ってよいでしょう。

実はさらに，もう1つの理由が内田の研究内容に関連している次の点です。それは，わが国のスミス研究，特に第2次世界大戦に向かう時期から戦後の1970年代初頭のマルクス主義の強い影響による，スミス像の大きな偏りです。それは一時代を画した経済思想史家群，高島善哉（1904–1990），大河内一男（1905–1984），内田義彦（1913–1989），小林昇（1916–2010），そして水田洋氏（1919-　）らがそれぞれ異なりながらも基本部分では共有した1つの“時代精神”によるものと考えられます。

この時代精神は，欧米，特に英国での反ナチズム，反独裁の役割を担ったリベラリズムではなく，それに代替してわが国戦前・戦中の権威主義的な体制への中心的な批判思想となったマルクス主義が，人文・社会系知識人の内面に刻印されたのでした。そのことに呼応して，しばしばスミスは，その労働費用説や生産的労働論などにより，マルクス的労働価値論の名誉ある先駆者と見なされ，時には資本主義社会の疎外を予見する“原マルクス”にさえ擬せられました。その最大の典型が内田義彦の『経済学の生誕』(未来社，1953)，岩波新書として普及した『資本論の世界』(1966)，『社会認識の歩み』(1971) などでのスミス像です。内田によって描き出されたスミスは，「旧帝国主義」＝重商主義を批判するブルジョア・ラディカルの社会思想家であり，理論家としては“不十分なマルクス”でした。こうしたスミス解釈は，確かに“戦後民主主義”の確立期という，その時代に生きた日本の知識人に固有の意味を持った１つの“時代の産物”ではありました。しかしそれらは，スミスの実像からあまりにも乖離した一面的なものであったと言わねばならないでしょう。当然にも東大の「スミス文庫」とはまったく接点がないのです。

とはいえ，内田のスミスとマルクスをめぐるストーリー・テリングは極めて巧みなもので，単純な翻訳や輸入を越えた１つの精緻な作品と言っても過言ではありません。上に紹介したもののどれでもよいので，皆さんに一読を勧めます。しかし，それがいわば“翻案”“咀嚼(そしゃく)”の極致とはいっても，やはり“進んだヨーロッパ”をモデルとする明治以来の翻訳学問・輸入学問の壁を越えてはいないのではないでしょうか。

国際化とWEB時代の新たな学問論とは

私自身の在外研究や多くの国際学会での報告，大学での国際交流企画の立案と参加，外国人留学生への英語による講義などの経験の中で，特に欧米を対象とする日本人の研究の発想や方法に対する次のような言葉を非日本人から何度か聞きました。「ハーフ・イングリッシュ」，「リトル・アメリカン」という表現です。この第Ⅲ部での問題意識につながるコメントと思います。

これとこれまでのここでの議論を踏まえて，次のようなことを言っておきたいと思います。まず，第1に，明治以来の従来タイプの受け身の受容姿勢からの脱却を目指すべきだろう，ということです。それは，翻訳・輸入から発信への転換です。まだ発信は少ないです。もちろん，人文・社会系分野では言語の壁がまだ高く厚いとは思います。しかし，インターネット時代の情報のデジタル化のおかげで，研究条件の面で欧米研究であっても日本に居ながらにして欧米研究者と同じ土俵に立つことが難しくなくなりました。いわゆるデジタル・ヒューマニティーズの展開は研究スタイルを変えながらもその方向，以前とは違ったレベルでの文字ばかりでなく，生きた言葉の双方での発信の方向を促進すると思います。

第2に，それでもやはり，たとえば欧米についての人文・社会的な研究の場合，私たちは欧米人ではないので物理的な条件や言語の問題をクリアーしても，やはり彼らと同じレベルで自分の国ではないその国や地域の研究ができるとは思えません。つまり，実際には，国籍や地域差を越えた一般的な視点と，一人の研究者の固有のキャラクターから来る独自の視点との適度なバランスをどうとるのか，ということになると思います。

より具体的に，第3に，アジア人，ないし日本人の独自の視点を一般的な探求の中に埋め込むことを常に考えるべきと思います。欧米に拝跪せず，南の発展途上国を蔑視せず，です。特に，欧米の研究の背後には，“modernize = civilize = Christianize”という強固な1つのイデオロギーが潜んでいます。まずはこれに気が付くことが必要でしょう。欧米人にとって，非キリスト教圏は“福音の光の及ばない真っ暗な世界”というイメージです。欧米研究者がこの点を自覚していないケースも時にあります。人として存在していることによる共通性とともに，彼らとは違う考え方や発想があるということを示すべきです。

そして，第4に，日本人の持つ非宗教性や強い世俗性です。神の名において殺し合いをすることに私たちは極めて強い違和感を持っているはずです。こうした感覚や視点は研究にとっても1つのアドヴァンテージになるのではないでしょうか。信念が強すぎたり信仰が過激になると，「寛容」という異質な他者の存在を容認することが難しくなります。わたしたちはこうした点でかなり“いい加減”で“融通無碍”ではないでしょうか。せいぜい“村八分”レベルです。これはメリットであり，宗教対立の時代の緩衝材になりえます。

そして最後に，この本が経済学について語っていることもありますが，イデオロギーや宗教ではなく問題点がいろいろあっても，信仰，信念や理念に立つと，結局は“神々の争い”になってしまいます。徹底して“経済”の視点で行くということです。どのように考え方や文化や宗教が違っても人々の経済行為に大きな違いはありません。ヒュームやスミスは商業が展開すればするほど平和になると言ったことを思い出すべきでしょう。かつて「エコノミック・アニマル」と呼ばれた私たち日本人には，この点でそれほど抵抗なくこうした方向で研究も進められるのではないでしょうか。こうした視点と方法を踏まえて，日本からの研究の発信の隆盛を次の新しい世代に期待したいものです。すでにその兆しは見えていると思います。

結論：経済学の生き残る道は

序論にも書いたように，このような本がこうしたタイトルで出版されるほどに，経済学という学問に対する不信が高まっているのが現在の状況と思います。それはこの本の中でも折に触れて言及した，世界的規模での所得や生活水準の格差の拡大と貧困問題，それにプラスティックによる海洋汚染に象徴される環境問題の深刻化が誰の目にも明らかになった反面で，本来は人々の経済的な厚生あるいは幸福に適切な処方箋を出すはずの経済学がそれに応えてはいないように見えるからです。実証分析はともかくとして，難しそうな数学で書かれている数多くの論文は，現実社会と本当に関わっているのだろうか，というのが大方の見方と思います。

なぜそのように経済学に対して否定的な判断がされるのでしょうか。やはり，どこか主流派の新古典派経済学の方法に根底的な問題があるのに，関係者がそれにきちんと向き合っていないためであると，経済学史・思想史の眼からは見えます。

１つは，スミス以来の経済学を「科学」にしたいという希望と努力が，合理的「経済人」から出発点にした演繹的な論理展開と，洗練され過ぎるほどの数学化によって練り上げた，いわば“完全で美しいイデアの世界”の中に入り込んでしまい，そこから抜けられなくなってしまったためと考えます。たとえば，厚生経済学のテキストを読めば，競争均衡によって所得格差が生まれた場合でも，政府は効率性を損なわない適切な所得の再分配を行うことができるという，「厚生経済学の第２定理」がすぐ出てきます。やはり何かだまされたような気がします。もともとエッジワースのボックス・ダイアグラムも手品の箱みたいな気がします。要するに，背後にある完全競争市場という前提があるから，本当は同値変形に過ぎないような数学的操作でいかにも論理的に公平な分配ができるかのような因果的結論を導いているだけのようにも見えます。完全競争市場がなければ第２定理は成り立たないはずです。もちろん，均衡概念への過度の依存も同根です。そこには現実世界の観察とそこからの帰納の視点がどこにも見えません。つまり，これまでの主流派経済学は一見すると科学的に見えて,実は科学ではない,せいぜい「半科学」といったところでしょうか。

門外漢の私の理解不足なのかもしれませんが，抽象理論の世界の外にいる多くの人たちも私と同じように思い，考えていると確信しています。学説史的には，ライオネル・ロビンズが，科学の名においての資源の希少性と効率という抽象的でプラトン主義的な世界に経済学を限定したことの悪影響から抜けられなくなっているのだと認定できます。もちろんこうした批判は目新しいものではありません。経済人類学者のカール・ポランニーも，新古典派経済学は形式の世界に閉じこもり，実体的な世界との接点を失っていると言っていました。主流派経済学はこの半世紀の間，たとえば現実世界の所得分配の問題に十分な関心を持っていたのか，この領域の専門家に聞いてみたいと思います。

もう１つは，実験経済学や行動経済学のように「帰納」に立ちかえって経済学を本当の科学にしようとする試みがなされているのは承知していますが，何度か書いたように，まだまだ結論が世間知を越えないレベルだ，という問題があります。感情と経済行動についてのかなり工夫された実験，たとえば道路という公共財を作る場面を想定して拠出金をいくら出すのかの実験の例を読んだことがあります。どういうルールと選択肢であるかの細かい内容はさておき，拠出金を出さない方が得なルールでも被験者は結構な金額を出したり，決められた拠出金の上限まで出す方が得なのにそこまで出さない被験者がいるとか，どこまで出すかの選択肢の幅を広げると自分の利得が最大にする選択が顕著になるなどの結果が出たそうです。色々な解釈がある中で最も結論らしいものが「人間は完全には合理的ではない」でした。まあ，そうだろうとしか言いようがありません。外部の人間にはここからどういう方向に現実的に有意味な結論を出していけるのか見当もつきませんが，「帰納」であることは間違いないので，今後に期待するばかりです。少なくとも，所得分配の問題にはまだまだ大きな距離があると言えるようです。

制度や習慣や社会や人間心理を経済学の対象にしようとするとき，それらを無理やり既存の新古典派経済学の前提や理論構成にはめ込もうとすると，過度の抽象化を免れず結論の単純化，陳腐化を招くでしょう。いわば，「プロクルステスの寝台」です。本書の前半に検討した現実社会や人間のあり方への洞察がまずは求められます。理論家には歴史や文化や人間本性（human nature）についての教養が必要だということです。

３つ目の問題は，今後展開が予想される神経経済学の危険性です。従来の主流派経済学は，効用最大化をもたらす行為を選択するのが合理的経済主体としての人間だと考えます。現在の神経経済学はそれに対応して，ある選択の結果利得が大きいなどの効用が得られた時に関係する脳の部位の脳内物質の量の変化や大脳皮質などの神経回路の活動を示す電位の変化に着目して，効用の度合いを客観的に尺度できると考えているように見えます。また，自分だけでなく他人の利得も大きくなるような選択をする人を「向社会性」を持っていると見なし，そういう選択は人間の情動に関係する脳の扁桃体の活動が変位することに対応しているとも言っています。

これは，ベンサムが快楽の大きさや強さや持続性を19世紀初頭段階の知識で見極めようとしたことの現代版に見えます。また，ノイマン＝モルゲンシュテルンを思い出します。そうであるなら，まずは経済学の方法として，効用の可測性，つまり基数的効用の復活につながるのか知りたいところです。

それよりも，神経経済学のこの方向を見ると，D. H. ロレンスの「私は道徳的動物だ。しかし，道徳的機械ではない」という功利主義批判の有名な言葉が頭をよぎります。つまり，人間の行動選択が直接に人間の心理的・生理的状態によっていわば機械的に決定されるなら，自由意志による選択の余地がなくなってしまわないか，ということです。以前，主流派経済学の大家，松島斉氏が新聞コラムで，たとえばこうした神経経済学の立場からの制度設計では，政策担当者が脳活動のデータに対応した“適切な”選択肢をパターナルに指示，善導するだけになってしまわないかという危険性（とは表現していませんでしたが）を指摘していたと思います。これはその通りだと思います。神経経済学の展開も，経済学の科学性の確立に向けての必然の流れとは思いますので，この辺りの展望を知りたいものです。

この本の全体は，「科学とは何か」，「経済学とはどこまで科学か」という問いを経済思想史の視点から考えたものです。社会思想史だけでなく政治学や法学，それに科学史・科学哲学の領域までお節介にも踏み込みました。必要だと思ったからです。その上で，要約すれば，ミクロ理論は実証されない理論を信仰している宗教のようなもので，経済学が科学として生き残るのは現実からの帰納を徹底した，いわば経済工学（Economic Engineering）への道であろう，というのがとりあえずの結論になります。気分を害する専門家の方もおられるかもしれません。しかし，これは，専門家でない多くの普通の人々の標準的な感想であり，予想であり，警告であると思っています。著者の私は，単にそれを言葉にして代弁をしているにすぎません。

本書が，経済学に関心を持ちつつ，何か変だなと感じている学生や社会人の読者の皆さんに何らかの参考になれば幸いです。

参考文献一覧

読者の皆さんが現在容易に手に取れるもの，購入できるものでしかも難しくない入門書，教養書を原則として記載しました。ただし，紹介したからと言ってその本の著者の主張に賛同しているわけではありません。古典や専門書，邦訳のないものは挙げていません。本文中に記載した文献やWEBサイトも参照してください。

1　第I部にかかわるもの

・有江大介『労働と正義：その経済学史的検討』創風社，1990年。（古いが私の原点で，マルクスについても色々書いてあります）。

・井手英策・宇野重規・坂井豊貴・松沢裕作『大人のための社会科』有斐閣，2017年。

・C. エステベス，C. タイボ著，大津真作訳『反グローバリゼーションの声』晃洋書房，2013年。

・小野塚知二『経済史』有斐閣，2018年（私の本と違って読むと元気が出るかもしれません）。

・小島寛之『暗号通貨の経済学：21世紀の貨幣論』講談社，2019年。

・佐野誠『99%のための経済学』新評論，2013年。

・晋遊社『ビットコイン＆仮想通貨がまるごとわかる本』2018年（投機商品として購入したい方向き。ただし，自己責任で取引してください）。

・野口悠紀雄『入門 ビットコインとブロックチェーン』PHPビジネス新書，2018年。

・橋本務『現代の経済思想』勁草書房，2014年。（高くて難しい。辞書として使う。）

2　第II部にかかわるもの

・A.S. アイクナー『なぜ経済学は科学ではないのか』日本経済評論社，1985 年（古いが問題点がよく書けている）。
・岩井克人・前田裕之『経済学の宇宙』日本経済新聞社，2015 年（現代アメリカ経済学の展開がよくわかる）。
・サミール・オカーシャ著，廣瀬覚訳『科学哲学』岩波書店，2008 年。
・川越敏司編『経済学に脳と心は必要か』河出書房新社，2013 年。
・『経済セミナー　経済学を問い直す；経済学方法論への招待』2018 年 10・11 月号（私が「鼎談：経済学への批判，疑問，そして期待」で発言しています）。
・『経済セミナー増刊　これからの経済学：マルクス，ピケティ，その先へ』2015 年。
・坂井豊貴『ミクロ経済学の入門の入門』岩波新書，2017 年。
・瀧澤弘和『現代経済学：ゲーム理論・行動経済学・制度論』中公新書，2018 年。
・A. F. チャルマーズ著，高田紀代志他訳『改訂新版 科学論の展開』恒星社厚生閣，2013 年。
・西内　啓『統計学が最強の学問である』ダイヤモンド社，2013 年。
・D.W. ハンズ著，高見典和・原谷直樹・若田部昌澄監訳『ルールなき省察　経済学方法論と現代科学論』慶應義塾大学出版会，2018 年（高くて難しい。辞書として使う）。
・S. ボウルズ著，植村博恭・磯谷明徳・遠山弘徳訳『モラル・エコノミー：インセンティブか善き市民か』NTT 出版，2010 年（異端派からの正攻法のアプローチ）。
・松嶋敦茂『功利主義は生き残るか――経済倫理学の構築に向けて――』勁草書房，2005 年（真面目に経済学の革新に取り組んでいる）。
・M.G. マンキュー著，足立英之他訳『マンキュー入門経済学』東洋経済，2010 年。
・涌井良幸・涌井貞美『至上最強図解　これならわかる！ ベイズ統計学』ナツメ社，2012 年。

3　第Ⅲ部にかかわるもの

・有江大介「功利主義はなぜ不評か：utilitarianism / utility の訳語問題」戒能通宏・深貝保則編著『ジェレミー・ベンサムの挑戦』ナカニシヤ出版，2013 年，所収。
・大西克也・宮本徹編『アジアと漢字文化』放送大学教育振興会，2009 年。
・別宮貞徳『特選　誤訳・迷訳・欠陥翻訳』ちくま学芸文庫，1996 年（翻訳書を読むのが恐ろしくなる本）。
・柳父章『翻訳語成立事情』岩波新書，1982 年（古いが翻訳書を読む限り必読か）。

執筆者経歴

有 江　大 介（ありえ　だいすけ）

1951 年横浜生まれ。神奈川県・私立栄光学園，東京大学経済学部，同大学院経済学研究科を経て 1985 年愛知県・日本福祉大学経済学部専任講師。1994 年横浜国立大学経済学部助教授，教授を経て 2016 年 3 月定年退職し現在同大学国際社会科学研究院名誉教授。2016 年 4 月より東京大学経済学部客員研究員，現在に至る。博士（経済学）中央大学。

在外研究：

英国･エディンバラ大学社会科学部（1 回），ユニヴァーシティ･カレッジ･ロンドン法学部ベンサム･プロジェクト（3 回，現在ベンサム･コミッティ委員），イタリア・ピサ大学経済科学部（1 回）。

主な所属学会：

経済学史学会，社会思想史学会，日本 18 世紀学会，日本ピューリタニズム学会（会長 2012–14 年），日本ヴィクトリア朝文化研究学会，国際功利主義学会（ISUS），18 世紀スコットランド学会（ECSSS）など。

主な関連業績：

『ヴィクトリア時代の思潮と J.S. ミル』（単編著，三和書籍，2013 年）

Marx for the 21st Century（UCHIDA Hiroshi らと共著，Routledge, 2009 年）

『労働と正義：その経済学史的検討』（単著，創風社，1990 年）

'The Wrong but Influential Image of Adam Smith in the 20th century Japan: What the Adam Smith Library and Nitobe Suggest',（単著）東京大学『経済学論集』82 巻 3 号 2019 年。

「日本にキリスト教はなぜ広まらないのか」（単著）『ピューリタニズム

研究』11号，2017年。

「'sympathy' は「公共性」を導けるか：効用・共感・科学」(単著)，東京大学文学部『哲学雑誌』125巻797号，2010年。

「クラーク＝ライプニッツ論争（1715-16）の社会科学的含意——神論から自然論・人間論へ——」(単著)，横浜国立大学経済学会『エコノミア』60巻1号，2009年。

反・経済学入門：経済学は生き残れるか
——経済思想史からの警告——

2019年 7月10日 第1版第1刷発行
2021年 4月 1日 第1版第2刷発行

著　者　有 江　大 介
発行者　千 田　顯 史

〒113—0033 東京都文京区本郷4丁目17—2

発行所 (株)創風社 電話（03）3818—4161 FAX（03）3818—4173
振替 00120—1—129648
http://www.soufusha.co.jp

落丁本・乱丁本はおとりかえいたします　印刷・製本 光陽メディア

ISBN978—4—88352—239—2

永井　務（東京国際大学）著

現代資本主義の終焉とアメリカ民主主義

——アソシエーション，プラグマティズム，左翼社会運動——

A5 判並製 286 頁　本体 2400 円

……実体経済に基づく経済成長が不可能になり，貿易赤字・財政赤字に耐えきれなくなった事態を示すニクソン・ショック（1971）を境に，〈利潤極大化〉を求める財界と経済エリート層（Establishment）は，とりわけレーガン政権以降（1981 ～）利潤率低下・資本蓄積減少に対応するために新古典派経済学とその極右に位置する新自由主義（マネタリズム）を選択し，協調的福祉資本主義を捨てた。実体経済の不振を補うために，金融領域に新たな経済成長を求めて，銀行・証券会社分離法に代えて銀行による証券業務を認めるグラム＝リーチ＝ブライリー法を可決（1999）した。ドルが通貨基軸である「信用」に仮託して，実体経済・金の裏付けのないドル紙幣や国債券を印刷し金融派生商品を売り出し，旧来の国内市場（market）に加えて東欧社会主義国の崩壊によって広がった世界金融市場からも「財」（goods）を収奪する金融資本主義（それらの総称としての反リベラリズム）へ転換した。しかし，リーマン・ショック（2008）は，その「信用」が虚構であること暴露した。

この間，財界と経済エリート層は，対外的には，多国籍企業と巨大金融企業を軸に，近代以降のグローバリゼーション（globalization）を御旗に掲げて，世界の財を収奪しまたドルのアメリカへの還流を追求してきた。対内的にも，かれら企業が実体経済と金融経済を支配し，果実の多くを超富裕層・富裕層が食し，国民の多くは滴り（trickle down）に与かれず人口の多数を閉める中間層と下層は生活に苦しむ，という社会分裂が進んだ。その結果，アメリカ民主主義の基盤である国民国家の枠組が崩壊しつつあり，その担い手である市民も分裂しつつある。……（本文「はじめに」より）

（主要目次）

◎創風社の永井務の著書

『アメリカ知識人論』　A5 判上製　352 頁　本体 3200 円　ISBN978-4-88352-099-4　2005 年

株式会社　創風社　東京都文京区本郷 4—17—2　振替　00120—1—129648　TEL 03—3818—4161
soufusha.co.jp　FAX 03—3818—4173

きりとり線

創風社刊 申し込み書 TEL 03—3818—4161 FAX 03—3818—4173	書店でご購入の場合，この用紙をお持ちください。 **現代資本主義の終焉とアメリカ民主主義** ISBN978—4—88352—230—9 永井　務　本体 2400 円（　　）部 創風社 図書目録 希望（　　　　）部	取り扱い書店名

仲島陽一 著

共感を考える

四六判上製　294 頁　本体 2,000 円

（主要目次）

土井　日出夫（横浜国立大学教授）著

価値論の再建

――第三次産業論構築のために――

A5判上製 226頁　本体2400円

現在，日本のほとんどの大学の経済学部からマルクス経済学の経済原論が消えたこと一つをとってみても，マルクス経済学は危機に瀕しているといってよい。もちろん，その原因として，ソ連の崩壊とグローバルな市場経済化があることは否定できないが，筆者にして言わせてもらえば，より内在的な要因が存在する。それは価値論の崩壊である。……本書は，商品論から地代論に至る全8章からなるが，各章のはじめに，①拙論の要点，②「基礎」としてのマルクス，③「補強」の論理，④現代数学からの援用の4点を，あらかじめ掲げることとした。筆者としては，本書を手に取って下さった方には，まずこの序文と各章の扉を眺めていただくことを望みたい（本書「序章」より）。

（主要目次）

株式会社　創風社　東京都文京区本郷 4—17—2　soufusha.co.jp　振替 00120—1—129648　TEL03—3818—4161　FAX03—3818—4173

田中菊次（東北大学名誉教授）著作一覧　他

■ マルクス経済学の学問的達成と未成　——『資本論』と『哲学の貧困』をめぐって——

A5 判上製　420 頁　本体 3800 円　ISBN978-4-915659-19-4　1989 年

《主要目次》序説　マルクス経済学の未完成とその秘密について　第 1 編　『資本論の原点』——『哲学の貧困』第 2 編　マルクスのプルードン批判　第 3 編　『資本論』の未完成とその秘密　第 4 編　マルクスの『資本論』仕上げと『哲学の貧困』の改訂　終章　マルクス経済学の学問的達成と未成について　付編著者自用訂正書き入れ本『哲学の貧困』（東北大学・櫛田民蔵文庫所蔵）の発見について。

■ 論集：新しい社会の経済学

A5 判上製　260 頁　本体 2400 円　ISBN978-4-88352-125-8　2007 年

《主要目次》（序説）新しい世紀，新しい社会のための経済学は？　第 1 論：経済学と社会主義 ——人間・自然・社会の新しい時代のために——　第 2 論：人間・社会と貨幣，貨幣とは何か？—— 経済人類学のマルクス貨幣論批判　第 3 論：マルクスの「価値形態」論と「交換過程」論 ——学説と論争の本源的検討 ——　第 4 論：『資本論』の未完成と新 MEGA・第Ⅱ部門の公刊——マルクスの『資本論』の仕上げ作業——第 5 論：『資本論』と「国家」論——「Ⅳ）国家」への上向の問題——（結説）マルクスの『資本論』および「プラン」の完成のために——体系の眼目となるべきもの——　付篇・Ⅰ：座談会：学問としての経済学を求めて　付篇・Ⅱ：A Summary of this book

■ 〈論究〉K. マルクス 著　F. エンゲルス編　資本論——経済学の批判（全 3 部）—— その学的未完成の解明とその完成のために——

A5 判上製　216 頁　本体 2400 円　ISBN978-4-88352-196-8　2013 年

《主要目次》〈序説〉：K・マルクスの原手稿・『資本論—経済学の批判』（全 4 部）——それは，いったい，何だったのか？ 21 世紀初頭，いま，このグローバル化の時代に，改めて，問い直す！——前篇：K・マルクス著，F・エンゲルス編『資本論——経済学の批判』（全 3 部）の理論的・体系的未完成の解明　第 1 章　現行『資本論』第Ⅲ部 第 6 篇（地代論）の理論的・体系的未完成　第 2 章　現行『資本論』の「競争論」（第Ⅲ部第 2 篇 第 10 章）の問題性　第 3 章　謎の "第Ⅱ部 第 4 章（編）"　第 4 章「形態論」と「過程論」の論理について　第 5 章「労働力の商品化」について　第 6 章 "資本の内的核心構造の分析" としての『資本論』の生成について　後篇：K・マルクスの原手稿・『資本論—経済学の批判』（全 4 部）と "経済学の編別構想" の完成のために：試論　第 1 章「商品形態論」と「商品交換過程論」について　第 2 章「労働力の購買と販売」について　第 3 章「領有法則の転回」と「労賃形態」について　第 4 章　あるべき "第Ⅱ部 第 3 編「資本の全過程」" について　第 5 章『資本論』の "国民経済的枠組み" について　第 6 章「特別利潤の地代への転形」について　第 7 章　現行『資本論』の最終篇・第Ⅲ部 第 7 篇と "Ⅳ）国家" への上向の問題について　〈結説〉：人間・自然・社会・歴史の新しい眞の時代のために！　あとがき　付篇「学問としての経済学を求めて」 1）著者略歴　2）退官記念座談会：「学問としての経済学を求めて」3）著書正誤一覧

■ 政治経済学の再生　　柴田　信也（東北大学名誉教授）編著

A5 判上製　304 頁　本体 2400 円　ISBN978-4-88352-183-8　2011 年

《主要目次》はしがき　第Ⅰ部　政治経済学の基礎　序説　第 1 章　資本の生産過程　1 商品と貨幣　2 資本の生成　3 絶対的剰余価値の生産 4 相対的剰余価値の生産　5 剰余価値論の総括　6 労賃資本の蓄積過程　第 2 章　資本の流通過程　1 資本の循環　2 資本の回転　3 社会的総資本の再生産と流通　第 3 章　資本の総過程　序「資本の総過程」論の対象　1 剰余価値（率）の利潤（率）への転化　2 利潤の平均利潤への転形　3 利潤率についての動態的分析　4 商業資本（商品取引資本と貨幣取引資本）5 利子生み資本と信用制度　6 地代　おわりに——資本の物神性　第Ⅱ部　第 1 章　マルクスの未来社会論（木島宣行）　第 2 章　政治経済学の復権 —— A. センにおける経済学と倫理学（守健二・玉手愼太郎）第 3 章　現代資本主義への基本視座（川村哲也）　第 4 章　グローバリゼーションの展開と本質（大澤健）第 5 章　資本主義的エクスプロイテーションと自然共生経済（山口拓美）

.... きりとり線 ....

創風社刊申し込み書：TEL 03—3818—4161　FAX 03—3818—4173　取扱い書店名（　　　　　　　　　　）

書名	本体	ISBN	冊数
マルクス経済学の学問的達成と未成 ——『資本論』と『哲学の貧困』をめぐって——	本体 3800 円	ISBN978-4-915659-19-4	（　　）冊
論集：新しい社会の経済学	本体 2400 円	ISBN978-4-88352-125-8	（　　）冊
〈論究〉K. マルクス 著　F. エンゲルス編　資本論——経済学の批判（全 3 部）—— その学的未完成の解明とその完成のために——	本体 2400 円	ISBN978-4-88352-196-8	（　　）冊
政治経済学の再生	本体 2400 円	ISBN978-4-88352-183-8	（　　）冊